先進企業の「原価力」

若松義人
Wakamatsu Yoshihito

PHP研究所

まえがき

今日ほど「安かろう悪かろう」の怖さを、多くの人が実感している時代はないのではないだろうか。耐震偽装や食の偽装など私たちの生活の根幹を揺るがすような事件が多発しているが、背景には利益を優先するあまりに安全や品質を犠牲にするという間違ったコスト意識が働いているように感じられる。

一時期、日本経済は「デフレからの脱却」が課題とされるほど、モノの価格が下落し、企業にとっては価格の下落に対応しつつ、いかに利益を創出していくかが課題となった。価格が下がっていくなかで利益を出すためには、原価を引き下げるしかない。当然、企業は原価を下げるために、さまざまな努力を行なうことになる。

その際、決して忘れてはならないのが、たとえお客さまが安さを求めたとしても、安全でないものや品質の悪いものは望んではいないということだ。

この点を間違えると、企業はせっかく時間をかけて築いた信用さえも失うことになりかねない。トヨタ自動車時代、筆者がいつも言われたのは「安全と品質はすべてに優先する」ということだ。

トヨタ式の基礎を築いた大野耐一氏は、「一円になるまでコストダウンを」というほど徹底したコスト改善に取り組んだ人だが、「不良ゼロ」を本気で追い求めるなど、品質にも常に厳しい目を向けていた。そして安全に関しても、コスト優先で危険な仕事をロボットではなく人間にやらせる、といった人間無視の考え方は、断固として許さなかった。

安全と品質、そしてコストはあたかも二律背反であるかのように誤解されることがある。しかし、企業にとって「いいモノをより早くより安く」は永遠の課題であり、この課題に取り組み続けることこそが企業の社会的使命といえる。

筆者は長年、トヨタ式の普及と定着に努めてきた人間であり、本書で紹介する管理技術、VE（Value Engineering）の専門家ではない。もちろん本文にも触れている通り、トヨタ式のなかにはVEの考え方や手法はしっかりと入っているのだが、読者から見ればやや畑違いに思えるかもしれない。

そんな筆者が今回あえてVEの本を書かせていただいたのは、原油をはじめとする原材料費が高騰する一方で、激しい価格競争を強いられる時代、企業にとって絶えざるコスト改善は避けて通ることのできないテーマではあるが、そこには守るべきルールや原則があり、そのなかで「いいモノをより早くより安く」つくることの大切さを再認識していただければと考えたからである。

ＶＥの基本は、「価値の向上をはかりつつ原価の低減をはかっていく」ところにある。なかには、ＶＥのことを単なるコスト削減の手段と誤解している人もいるようだが、品質や安全、価値を犠牲にしたコスト削減は、そもそもＶＥの思想とは相容《あいい》れないものであり、「いいモノをより安く」を徹底して追求することこそＶＥ本来の目的と言える。

今日、原材料費などが上がる一方で、思うように価格転嫁《てんか》できず苦境に立たされている企業もたくさんあることと思われる。私は、むしろそうした企業の方にこそ本書を読んでいただきたい、と願っている。

「既にコスト改善はやりつくした」とお考えの方もいると思うが、トヨタ式に「改善したところをまた改善してさらに改善する」という言葉があるように、「改善した。うまくいった」と考えている下には必ず次の改善の芽が出ているものである。それほどにムダは限りなくあるし、改善の芽も次々と出てくるものである。

本書でご紹介するように、今やＶＥは部品レベル、購買レベルを超え、開発設計はもちろん、営業やサービスなど実に幅広い分野で使われ始めている。ＶＥは従来の概念を超え、経営そのものにまでも適用範囲が広がっている。

一読され、自社のより広い分野へとＶＥを適用してみてはいかがだろうか。「やりつくした」と思うその先にコスト改善の芽がいくらでもあることに気づき、「いいモノをより安くつくる」新たな方法に出会うかもしれない。

本書がＶＥの持つ新しい可能性の発見と企業体質強化の一助となれば幸いである。

二〇〇八年四月

カルマン株式会社　若松義人《わかまつよしひと》

先進企業の「原価力」

目次

まえがき

第1章 原価はさらに下げられる

第三節——VEはどのように展開されているのか

第2章 変化をためらう理由はない

第3章 VEは身近にある

第4章　VEを着実に進めるために

第5章 コストダウンのヒントは現場にある

第6章 モノづくり、人づくりに終わりはない

執筆協力　桑原晃弥
装　幀　神長文夫＋柏田幸子

第1章

原価はさらに下げられる

第一節——利益の源泉は原価低減にあり

■原価は下げるもの

原油をはじめとする原材料費が高騰を続けるなか、企業が利益を確保することがますます困難になっている。原材料費の値上がり分をそのまま価格に転嫁《てんか》することができればよいのだが、競合他社がひしめいているうえに、安い海外製品の輸入増などもあって、不用意に価格を引き上げることは市場での敗北の引き金となりかねない。

市場が拡大していれば売上げを増やし、シェアを伸ばすことも可能だが、日本国内においては少子高齢化の進展などにより、売上げの拡大に期待できない業界も少なくない。大手企業でさえそうなのだから、価格の転嫁が難しい中堅中小企業を取り巻く環境は、さらに厳しいものがある。今後、企業にとってどう利益を確保していくかが緊急の課題となっている。

図表１●価格、原価、利益3つの関係

価格－原価＝利益…………①

利益＝価格－原価…………②

価格＝原価＋利益…………③

価格と原価、利益の関係を表す三つの式がある（図表１参照）。

まず①は、これをいくらで売ります、原価はいくらかかっていますと、価格から原価を引いたものが利益となる。②は、利益とは価格から原価を引いたものだという式。そして③は、価格というのは原価と利益を足したものだという式である。

どれも同じではないかと思われるかもしれないが、この場合の①は、「価格はお客さまが決める」ものであり、同業他社がいる場合、企業だけの都合では決められないという式だ。実際つくるのに八〇円かかったが、売れる価格は一〇〇円であり、利益は二〇円となる。②は、仕事を進める以上、二〇円は儲けなくてはならないから、一〇〇円で売ったのでは十分な利益が出ない。そこで価格を一一〇円にするという会社都合の決め方だ。そして③は、利益と原価を足したものが価格となり、原価が一〇円上がれば価格も一〇円上げないことには儲からないことになる。

今時、③のようなやり方をしているようでは、なかなか商売が成り立たないわけだが、かつては原価を正確に計算して出したうえで、そこに「これぐらいは儲けたい」という適正利益を乗せて価格にする企業も少なくなかった。

原価は計算するものであり、下げるものではなかった。原価が上がれば上がった分だけ価格に転嫁して、原価を下げようという努力などしない、一種の殿様商売のようなものだ。昔はそれで十分通用したのである。

しかし、今のように競合他社がひしめきあい、かつモノの価格がグローバル化して一物一価に近づく時代には、「原価がいくらかかったか」以前にモノの価格は既に決まっており、つくる側はいかにして原価を下げるかが重要になる。いわば利益は原価をいくら下げたかで決まることになる。ここでは原価は計算するものではなく、下げるものとなる。

ましてデジタル商品のように、モデルチェンジが次々と行なわれ、価格も予想を上回るスピードで下がっていく場合、少しでも原価低減の努力を怠ったり、あるいはそのスピードが価格下落に追いつかないと、せっかく売上げが上がっても利益なき繁栄となってしまう。

今や多品種少量生産が当たり前であり、量産によるコストダウンも期待できないうえ、かつてのように生産を続けながら少しずつ品質を上げ原価も下げていくといった悠長なことはしていられない。

垂直立ち上げ、世界同時立ち上げといった言葉が当たり前になっているように、最初からいいモノをいかに安くつくるかができないと、市場シェアもとれなければ、競争力を維持することもできない。

■「いいモノ」「安いモノ」はいくらでもある

稼ぎのもとはつくり方にある。モノをつくるにあたり、いかにしていいモノをより早く、より安くつくるかを徹底して追求することでしか、企業は競争力を手にすることはできなくなっている。

こう書くと「何をそんな当たり前のことを」と言われそうだが、では、現実にどれだけの企業がこうした課題を本気で、かつ全社をあげて取り組んでいるかというと、はなはだ心もとないものがある。

これは改善活動、VE活動でももちろんだが、たとえば原価低減に取り組んでいない企業というのはまずない。それぞれの企業が「改善をやっています」「VEをやっています」と、それなりの原価低減は行なっている。

ところが、そうした企業のなかには、どうも活動が中途半端で、「もうこれ以上は無理だ」と勝手に白旗を上げているところがある。「既にコストダウンはギリギリの線まできて、もはや改善の余地はない」と思い込み、「まだ考える余地があるのでは」と聞くと、「毎日の仕事が忙しくてこれ以上は無理ですよ」とにべもない。

たしかに、現状のやり方を変えていくというのはそれほどたやすいことではない。改善やVEで大切なことは、今の進め方に対して、「もっといいやり方は?」「もっと安くつくる方法は?」と何度も問いかけ、知恵を出し、変えていくということだ。

もちろん、ほとんどの人は今のやり方に満足しているし、そのやり方自体、時間をかけて磨かれたものであるだけに、「もっといいやり方」を考え出すことは容易ではない。しかし、今日のように変化の激しい時代、現状維持は後退と同じである。トヨタという企業の強さの秘密がどこにあるかといえば、それは「いいモノ安いモノはいくらでもある」と考えて、絶えざるベンチマーキングを続けるところにある。

既に昭和三〇年代から世界一のＧＭをベンチマーキングすることで、部品原価を一円、二円と下げてきたが、それは目標を達成した後でも営々と続けられ、最近では「中国でつくられている最も安い価格を国内で実現する。しかも品質はトヨタの基準を守る」ことを目標に日々改善を続けている。

■コストダウンに限界はない

では、どこまでコストを下げればよいのだろうか。

「コスト一円になるまで原価低減努力を続ける」のがトヨタという会社だ。そう考えると、「コストを下げようとすると品質が落ちてしまう」とか「コストダウンは既にギリギリまでやって、これ以上は無理だ」などと安易に口にしてはならない。企業の利益はつくり方で決まり、企業のコストダウンに限界はない。

むしろ「これでいい」と思った瞬間に歩みは止まると考えたほうがいい。トヨタというと「改善」が有名だが、改善には改善をするための知恵を出すテクニックや改善案を形にするための技術が必要になる。

ＩＥがブームだった時代、大野耐一氏は「ただのＩＥではなく、『儲かるＩＥ』をやろう」と主張していた。改善とは、何かを変えていくこと。そのためにはＩＥも使えば、ＱＣも使うし、今回紹介するＶＥも必要になる。コストダウンの必要性が強調されるあまり、品質が犠牲にされることも多い時代、「安かろう悪かろう」ではなく、顧客そして後工程のために「モノづくりはタイミングよく標準作業で正しくつくる」の考え方を積極的に推進するＶＥの役割は極めて大きいものがある。

　松下幸之助氏はかつて顧客からの値引き要求に苦しむ技術者に対し、五％とか一〇％下げようとするから重箱の隅をつつくような話になる。思い切って半値にすると考えたら新しいアイデアが生まれるのではないか、と叱咤《しった》激励《げきれい》したそうである。

　実はこのときに松下電器に対して値引きを要求していた顧客というのはトヨタ自動車であり、松下電器の技術者は懸命の努力の結果、価格を引き下げたうえに、以前よりも多くの利益を上げることができるようになったという。

　トヨタから松下への発注量が急に増えたわけではない。性能も落ちていなければ、トヨタの要求にも十分に応《こた》えている。相変わらずの少量生産でありながら、なぜそんなことが可能になったのか。答えは、価格の見直しがきっかけとなり、根本的に設計をやり直したからだという。

この事例について、松下幸之助氏はこう話したという。

「いわば値切られたことが動機になって、今まで三パーセントしか儲からなかったものが一割三分になった。そういう方法が残されておったわけです。そういう方法が残されているということは、次々と永遠に残されているということだと思うんです。今後、われわれが商売を永久に続けているあいだ、そういう残されたものが次々に発見されていく可能性が、われわれの事業の過程にひそんでいると思うんです。それをやれると思うかどうか、それがひそんでいると思うかどうかということによって、いっさいは解決すると思うんです」（『松下幸之助発言集９』、ＰＨＰ研究所刊）

コストダウンに限界はない。ただし、そのためには新しいアイデア、新しい発想が求められるが、まずは「そういう方法が残されている」「それをやれる」と信じ、そのための努力を怠らないことだ。

厳しい価格競争に勝ち残るためには、わずかの原価低減ではすぐに追いつかれてしまう。他を圧倒するほどの原価低減を実現して、初めて圧倒的な勝ち残り企業となる。それを可能にするのがＶＥ活動であり、全社あげてのＶＥ活動こそ、企業を勝ち残り企業へと導いてくれる。

第二節――GEの「事件」から生まれたVEの原則

■自社文化に合わせて管理技術をカスタマイズ

モノづくりの管理技術の多くはアメリカで誕生している。たとえば、QCが戦後日本に導入され、日本製品の品質向上に大いに貢献したように、一九四七年にアメリカで誕生し、五五年に日本に紹介されたVEも、コスト低減の方法として大いに活用されている。もちろんアメリカで誕生したものであるだけに、そこにはアメリカの文化や風土といったものが色濃く反映されている。

それだけに、どれほどすぐれた管理技術であっても、アメリカで使われているそのままを無理に日本企業に適用しようとすると、自ずと矛盾が生じるというのも当たり前のことだ。そのため、紹介された当初はその有用性から一気にブームになるのはいいが、やがて「使いづらい」「効果が見えない」「時間や手間がかかる」といったさまざまな理由から下火になるというのもよく目にするところだ。

かつては、ＱＣにおける小集団活動など、ほとんどの企業が実施していたが、「発表のための活動になっている」といった理由などから、急速に勢いを失っていった経緯がある。成果主義にしても、一時は各企業がこぞって導入したものの、「簡単に実現できそうな目標に終始して挑戦意欲が失われる」「個人プレーに走ってチームワークが乱される」などの弊害から、大幅な修正を余儀なくされたことがある。

筆者はこうした原因が管理技術そのものにあるとは考えていない。その管理技術がアメリカで生まれたものであれ、日本で生まれたものであれ、誕生の背景にはそれぞれの国や企業の文化や風土がある。そうした技術をそのままの形で導入しようとすることに無理があるのである。

一時はトヨタ式の代名詞となっていた「かんばん方式」も、間違った使い方をすれば、かえって在庫を増やしたり、下請けいじめになってしまう。どんなすぐれた管理技術も、その精神や理念を十分に理解したうえで、自社に合うように改善することが不可欠であり、そうして初めて自社の管理技術として使うことができるものとなる。

たとえばトヨタ式は、フォードの流れ生産とテーラーの科学的管理手法をベースにしているが、大野耐一氏は基本を学びながらも、そのまま導入したら労働強化になるとしてさまざまな改善を行なっている。

さらに、現場の知恵によってさまざまな改善を加えつつトヨタ式の基礎を形作っていったからこそ、今に通用する生産システムとして機能している。管理技術の導入にあたっては、まずその理念や基本原則をしっかりと学んだうえで、「自社に展開するためにはどうすればいいか」を考えることが大切だ。

「かつてVEを導入したがうまくいかなかった」「VEは難しくて扱いづらい」とお考えの方は、今一度VEの理念と原則をしっかりと学んでみてはいかがだろうか。そのうえで日本でVEの先進的企業が、どのように自社流に改善し展開しているかを知り、「では、どうすれば自社で活用できるか」と知恵を巡らせてみるといい。「高い品質と安い価格」という一見相矛盾するように見える課題の解決に悩む企業にとって、大きなヒントになることが必ず見つかるはずだ。

■VEを生んだ「アスベスト事件」とは？

先に述べたが、VEが誕生したのは第二次世界大戦の終結から二年後の一九四七年のことだ。なぜその時期にコスト低減の手法が開発されたかを考えると、戦争というものの本質がよく見えてくる。

戦争というのは非常事態であり、そこで求められるのは、コストよりも納期や性能が第一となる。むしろコストがいくらかかろうとも、とにかく必要なモノを、早く確実につくることが求められる。戦後、日本においても朝鮮特需があり、トヨタもそのお陰で立ち直ることができたが、この時期に求められたのは、米軍の求める品質を納期通りに納めることであり、コストは二の次だった。

ところが、戦争が終結し、軍需ではなく民需中心に事業を展開する場合はそうはいかない。もちろん品質や納期も大切ではあるが、やはり価格が一番の問題となる。アメリカ最大の電機メーカー、GEもこの問題に直面し、社内に「最適コストの追求」について大号令をかけた。そのときに起きたのが、VE関係者が「アスベスト事件」と呼ぶ出来事である。

今でこそアスベストの使用は大幅に制限されているが、当時のGEでは工場の床カバーにアスベストを使用しており、拡張工事や補修のために大量のアスベストが必要になった。購買担当者は不燃材の専門メーカーを回り、アスベストの調達に努めたが、あいにく品不足のため十分な量が確保できなかった。

そのとき、ある専門メーカーから「そのアスベストは何のために使っているのですか」という質問を受けた。担当者が使用目的を説明すると、「アスベストは品薄で手に入りませんが、それに代わるいい材料があります。それを使ってみてはいかがですか」と薦められた。早速その材料について検討したところ、GEが求めている必要な条件を十分に満たしているうえ、価格も数段安いことが分かった。購買担当者はこれまでアスベストを調達することばかり考えていて、それ以外の材料があることなど考えもしなかっただけに大変喜び、すぐに提案の材料を購入しようとしたが、実はそこには大きな障害があったのである。

当時、GEには火災予防規則があり、そこには「不燃材にはアスベストを使わなければならない」という規定が明記されていた。購買担当者はせっかく見つけた新しい材料を使うことを断念せざるを得ない。

トヨタ式に、「規則が間違っているなら規則を変えなければならない」という言葉がある。何かを変えることをためらう人は、すぐに「規則で決まっている」「前例がない」などとできない言い訳をするが、それでは何も変わるはずがない。GEの先進性はそのときの対応によく表れている。

ＧＥの購買課長だったマイルズ氏（ＶＥの創始者。彼の名前を冠した「マイルズ賞」はＶＥに携わる企業にとって最高の名誉とされる）は、この出来事をそのままにするのではなく、サンプルを取り寄せ、実験を重ね、十分な裏づけ資料を揃えて防火委員会を粘り強く説得し、アスベスト材に代わる新しい素材を利用できるように変えたのである。その結果、機能を落とさず、コストの面で大きな成果を上げることとなった。

この成功事例がやがて経営陣の耳に入り、「社内にはこのようなケースがいくらでもあるに違いない」として、マイルズに「よりよい製品をより安くつくる方法」について研究するようにという指示が下された。

やがてマイルズ氏は試行錯誤の末にＶＥの手法を編み出し、その効果に注目した民間企業や国防省などが続々とこれを導入、展開されることとなった。日本では一九五五年に初めて紹介され、以後六五年の日本ＶＥ協会の設立などもあり、導入が進むこととなった。

「事件」から見えてきた、ＶＥ発想五つのポイント

「アスベスト事件」がＶＥ発想の原点になったと言われるのは、そこに、ＶＥを考え、推

進するうえで大切なことが多く含まれているからだ。原則のいくつかを見ていくことにする。

一、それは何のために使っているのか

モノにはすべて機能、目的がある。ただ単に、「アスベストはありませんか」「品薄で、ありません」という会話を交わすだけなら代替案が生まれる余地はなかった。しかし、専門メーカーが「何のために使っているのですか」と尋ね、ＧＥの担当者が「延焼を防ぐために使っている」という目的や機能を説明したことで、「それなら代わりのモノがある」という代替案へと発展している。

ＶＥのスタートは、「果たすべき機能は何か」を明確にして、「機能を達成するもっといい方法はないか」と考えることからだ。ものごとを考えていく場合、「機能とは何か」「何のために使っているのか」からスタートすると、思考の幅は広がりやすい。反対に、機能ではなく、モノばかりに着目していると、モノの改善という域を超えられないことが多い。

二、それならもっといいモノがありますよ

GEの担当者は長年、不燃材といえばアスベストと思い込んでいたため、それに代わる材料があることなど考えもしなかった。また規則でそう決まっている以上、代わりのモノを探す必要もなかった。たまたまアスベストの品薄という状況のなかで、専門メーカーを当たっているうちに「もっといいモノがありますよ」という提案に遭遇している。

VEは、それぞれの専門分野におけるスペシャリストが集まることで推進するチーム・デザイン活動であるが、チームを組む理由の最たるものが、専門知識の収集と活用にある。

たとえば専門知識をもった経験豊富な人は、その道のプロではあるが、新しい技術が次々と生まれ、またいくつもの分野をまたぐような新技術が生まれる時代には、そのすべてをカバーできるわけではない。組織の壁を取り払い、横断的な組織で、またそこに協力会社の人たちをも交え知恵を出し合うことで思いもかけない技術的な飛躍が生まれることがよくある。VEの推進には全社的な取り組み、チーム・デザイン活動が欠かせないのである。

三、目的は一つ、手段はいくつもある

GEの担当者が探していたのはアスベストだが、「延焼を防ぐ」という目的を可能にするのはアスベストだけではなく、他にいくつもの不燃材があった。あとは「価格はどうか」「性能はどうか」と一つひとつ検証していくことで、アスベストと同等の機能を持ち、価格的にもっと安いモノを探すことができれば目的を果たすことができる。

筆者がトヨタ時代にいつも言われていたのは、「目的は一つ、手段手法はいくつもある」ということだ。たとえば「人を一人減らす」という目的のために改善案を考える。自分では「これしかない」という改善案を思いついたとしても、それだけではダメで、常に考えられる限りの改善案を出すことを求められた。それらを「効果はどうか」「コストはいくらか」「前後の工程への影響は」とさまざまに検証したうえで、最善の策を選ぶというのがトヨタ式のやり方だ。

「今のやり方がベストだ」「これ以外のやり方はない」という思い込みからは決していいアイデアは生まれない。コストダウンができないのは、他にもっといいモノがあるのに気づかないか、それを考えようとしないからだ。

どんなときでも一つの目的に対して手段はいくつもあると信じて、多くのアイデアを出し、いくつもの手段を検討することが必要だ。

四、規則や常識、慣習にとらわれるな

マイルズ氏が、ＧＥの規則を前に、「規則で決まっていることだから仕方がない」と諦めたとしたら、この話はそこで終わり、ＶＥが生まれることはなかったかもしれない。

どんな業界にもあてはまるが、企業には長年の慣習や常識、あるいは決まり事のようなものがあり、それにとらわれたままだと新しい発想も生まれなければ、新しい挑戦もできなくなってしまう。業界歴が長く、知識も豊富な人が、ときに経験や常識に縛られて新たな発想が生まれにくいというのもよくあることだ。

だからといって、規則を守らなくてもいいと言っているわけではもちろんない。規則や慣習、常識にとらわれることなく発想し、その発想が真に効果のあるものだとしたら規則を変えていく勇気、慣習や常識を打破していく努力を怠らないことが大切だ。「規則だから」「前例にない」という言葉は、自分が現状を変えたくないための言い訳に過ぎない。

企業が生産改革を推進するとき、賛成して積極的に取り組むのはよくて二割であり、あ

との人たちは反対か様子見の人である。何かを変えていくというのは、そうした残り八割の反対や抵抗に遭うことを覚悟しなければならない。そうしたなか、根気強く説得し、少しずつ成果を上げることで、人の見る目は確実に変わってくるものだ。

ＶＥは常識や慣習をいかに打ち破るかへの挑戦でもある。それを支え、後押しできるのはトップである。だからこそ、ＶＥにはトップの理解とリーダーシップが不可欠なのである。

五、単にコストを下げればいいというものではない

ＧＥがアスベストに代わる材料を使った結果、火災事故を起こしたとしたらＶＥの今日はなかった。マイルズ氏はアスベストに代わる材料を価格の安さだけで選ぶのではなく、十分な性能確認を行ない、「これならアスベスト材と遜色ない」という自信を持ったうえで規則の改正を進言している。

コストと品質は二律背反であり、コストを下げるためには品質が犠牲になるのは仕方がない、と間違った見方をする人がいるが、それはＶＥの考え方とは相容《あいい》れない。

必要とする以上の機能を付けるのは過剰サービスといえるが、お客さま自身は、自分が

図表2 ● VEの基本式

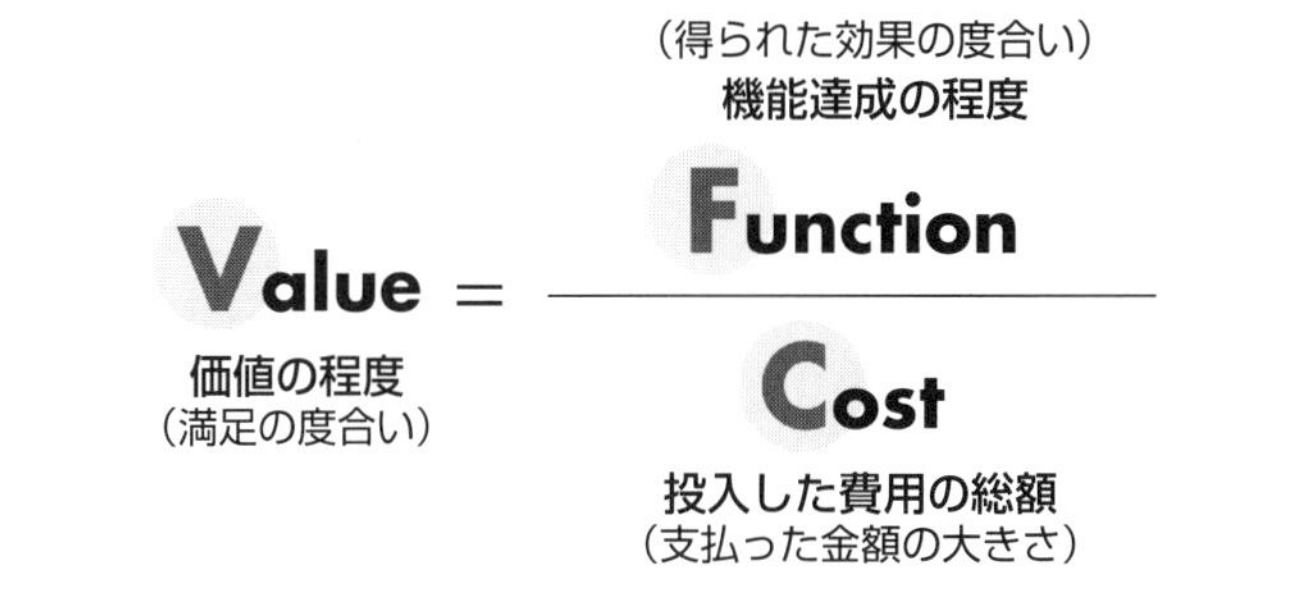

必要とする機能を持った製品を、できる限り安い価格で購入したいと考えている。

トヨタの工場に「よい品、よい考」という標語が掲げてあるが、トヨタの考える「よい品」はあくまでも安くなくてはならない。なぜ改善に励むかといえば、それはお客さまのために「よりよく、より早く、より安く」提供するためでもある。

ＶＥは単にコストが下がればいいというものではない。ＶＥの基本式（図表2参照）で分かるように、お客さまにとってより高い満足が得られるように努力することだ。お客さまの満足は、価格を度外視した機能のよさだけでは得られないし、機能を無視した安さだけでも得られない。コストと機能のバランスをいかにとるか、それこそがＶＥの目指すものである。

■目的と手段を取り違えてはいけない

VEを企業で展開していくにあたっては、こうした原則をしっかりと守ったうえで、細かい手段・手法に関しては自社流に改善していくことが必要になる。

本節の初めに書いたように、どれほどすぐれた管理技術であっても、それがアメリカという風土、文化のなかで生まれた以上、それをそのままの形で使うのにはどうしても無理がある。

アメリカと日本の風土・文化が違うことはもちろん、それぞれの企業には固有の風土や文化、依《よ》って立つ経営理念などがある。だからこそ自社流への改善が欠かせない。

トヨタ式の改善の文化を支える「創意くふう制度」は、もともとはフォードのサゼスチョンシステムにヒントを得ているが、数々の改善を重ねることで独自のものにつくり上げている。フォードのサゼスチョンシステムは、どちらかといえば個人単位の活動であり、成果に見合った報酬を要求するものであるのに対し、トヨタの「創意くふう制度」は個人というよりはチームで改善提案をまとめるものだ。一件あたりの報酬額も、大半が五〇〇円、一〇〇〇円で、制度発足以来、額面もほとんど変化がない。

こうした改善の結果、本家フォードがサゼスチョンシステムをやめてしまったのに対し、トヨタの「創意くふう制度」は既に六〇年近く続き、年間六〇万件を超える改善提案が実行に移されている。企業の寿命が三〇年と言われる時代、一つの制度がこれだけの長期にわたって存続し、機能し続けるのにはそれなりのわけがあるということだ。

制度を自社流に改善するにあたり、注意すべきなのは「ＶＥの目的は何か」を忘れないことだ。たとえば、コストを下げ、生産性を上げるために、自動化やＩＴ化を推進する際、その本来の目的を忘れてしまい、自動化すること、ＩＴ化すること自体が目的になってしまうことがよくある。

ＶＥも、ＶＥという管理技術を導入することで、コストを下げることが第一の目的である。それにもかかわらず、ＶＥを導入し、専門部署を立ち上げたことで「目的は達した」と勘違いするようでは困りものだ。手段と目的を混同し、手段が目的になってはどうしようもない。

ある食品メーカーが、トヨタ式の導入を試みたときのことだ。食品メーカーの場合、スーパーの売れ行きによって注文数が変わるため、トヨタ式では重要な生産の平準化が難しい。同社の生産改革を担当していた元トヨタマンは、やむを得ず「かんばん」や「平準化」

といった手法を捨てて、後工程引きという考え方だけを基本に、生産ラインを組み立てることにした。お陰で生産量が日々変動しても、きちんと利益を上げることができるようになったものの、担当者は「果たしてこれでいいのか」という不安を抱いていた。

そんなとき、大野耐一氏が訪ねてきた。「かんばんが使えないがこれでよいでしょうか」と聞いたところ、「かんばんは手法に過ぎないのだから、考え方の基本を守っている今のやり方でよい」と言われ、大いに勇気付けられたという。

トヨタ式の目的は徹底したムダの排除であり、絶えざる改善にある。「かんばん」はそのための一手段であり、手段を無理に当てはめようとすると、かえって本来の目的から逸脱することがある。

VEの導入に際しても、細かい手法よりもその精神、目指すもの、そして原則を大切にすることを忘れてはならない。「この通りにやらなければVEではない」と考えるのではなく、機能とコストのバランスをとりながら、いかにして強いコスト競争力を手にしていくかを第一に、自社に合うようにVEという管理技術を使いこなしていくことが大切だ。

■いいと思ったら、ひたすらやり続ける

そして何より大切なのは、ＶＥに関して「これはいい」「これはうちの会社にピッタリだ」という確信を持ったなら、とことんやり続けることだ。企業にとっての重要課題は、「いいモノやいいサービスを、より早くより安く提供する」ことである。

そのためにたとえばＱＣをメインにしようが、ＩＥをメインにしようが、ＶＥをメインにしようが、あるいはトヨタ式のようにこうした考え方を取り込んだ改善という手法をとろうが、それはどちらでもいいと思う。問題は、Ａという手法を始めたはいいが、中途半端なままに終わって、また新しいＢという手法に手をつけるという具合に、何事も中途半端なままに手段・手法を次々と取り替えていくことである。

「世の中に万能薬はない」と考えるのがトヨタ流だ。どれほどすぐれた管理技術であろうが、経営理論であろうが、ただそれだけで、企業が抱えるすべての問題を解決するなどできるはずがない。そうしたものに関心を持つこと自体は否定しないが、「これですべてが解決する」と過信するのは間違いだ。

それぞれのいい部分と悪い部分、自社に合う部分と合わない部分をしっかりと見極め、自社に合うように改善を加える。そのうえで「これはいい」と確信を持ったなら、成果が出るまでとことん継続することだ。

トヨタは「創意くふう制度」を六〇年近くやり続け、QCの小集団活動も今も続けている。いいと思ったことは改善を重ねながらやり続けることで、必ずや企業の力となってくれる。

この本を書くにあたり、フジタ、いすゞ自動車、シャープ、日立建機の四社および大分県庁のVE担当者から話を聞いたが、VEを自社流に見事に使いこなしている企業は、いずれも三〇年、四〇年とVEを続けることで「風土」とすることに成功している。

いいと思ったならやり続ける。企業の強さは案外とこうした継続する力で決まってくるものだ。

第三節――VEはどのように展開されているのか

トヨタの繁栄を支える、絶え間ない原価低減活動

企業が生成発展していくためには利益を上げ続ける必要がある。それはトヨタ自動車においても同様であり、トヨタの歴史は原価低減の歴史であると言っても過言ではない。

自動車産業に進出するにあたり、創業者・豊田喜一郎氏が最も苦労したことの一つは、原価であったと考えられる。自動車先進国アメリカに学びながら、製品をコツコツと改善し、少しずつ技術力を高めていくことで、いずれ欧米並みの車をつくることは可能になる。ただし、それはコストを度外視すれば、という条件がつく。

原価を左右するのは、量産効果が期待できるかどうかだが、豊かさという点でアメリカとは格段の差があった当時の日本において、アメリカのような大量生産が期待できるはずもない。しかも日本には資源がないため、原材料も輸入に頼るしかなく、ここでも原価を

押し上げることとなる。多少高くても「国産車に乗ろう」と愛国心に訴えることも、喜一郎氏はよしとは考えなかった。「いい自動車ができても、高価で経済的に使用できぬものでは役に立たぬ」とはっきり述べている。

喜一郎氏はこうも言っている。

「自動車を使用するか使用しないかは、結局、値段の問題に落ち着くわけだ。現在売れる値段で売らなくてはならぬ。売れる値段とはどのくらいの値であるか。少なくとも外国車より安くなければ売れないであろう」

どうやって調べたかは分からないが、創業を前にしてフォード車などの卸価格を詳細に調べたうえで、構成部品単位で原価低減方策を細かく検討して、原価低減見積りを行なった。この数字を目標にして、外国車に負けないだけの自動車をつくると宣言したのである。

もちろん目標がすぐに達成できるわけではなかったが、喜一郎氏はこのように原価低減を必死になって考える過程で「ジャスト・イン・タイム」を考案、それが発展してトヨタ式となるわけだから、トヨタ自動車は、まさに創業のときから外国車を目標に原価低減努力を続けてきたといえる。

そして戦後になり、日々の改善活動による原価低減とは別に、一九五九年に試作段階だったパブリカに「一〇〇〇ドルカー」という目標販売価格を設定、企画・設計段階から原価検討を試みるようになった。そうして、大衆車でありながら軽自動車並みの価格を実現することに成功した。

車の原価というのは、その車が企画され、設計される段階で大半が決まってしまう。本格生産に入ってから、「ああすればいい」「こうすればいい」と言ったところで、そうそう大きな原価改善などできるわけではない。企画・設計段階で目指すべきは、賃金の上昇や原材料費の上昇といったそのまま放っておいたら原価が自然と上がってしまうものを、常に改善によって原価を下げる活動を継続することにある。

VEは、品質と原価をつなぐ橋渡しである

トヨタはパブリカの開発を通して、「車の原価は、車が企画され設計される段階で、大勢が決まってしまう」「企画・設計段階での上手な原価改善が、製造段階での原価改善よりはるかに大きな効果を持つ」ことを経験的に学習し、以後の新車開発やモデルチェンジに際して、設計・試作・生産準備といった各段階で関係部署が互いに協力して目標原価の

達成に努めるようになっていった。ＶＥやその類似の考え方は、この過程でトヨタの原価低減に次々と取り入れられていっている。

トヨタの原価低減活動の特徴の一つは、工場が原価企画の初期段階から参画することにある。新車を設計する場合、生産設備のことをあまり考慮に入れずに設計や試作をすると、生産技術に回った段階で、「ここはこうすればもっと安くできるのに」「もっと簡単にできたのに」と工場側から不満が出てくることになる。これは大変なムダにつながる。そこで、工場が原価企画の早い段階から参画することで、より効率のいい原価企画ができるようにしている。

もう一つの特徴は、「原価低減に終わりはない」と本気で考えていることだ。多くの企業はある目標を達成すると、それでよしとしがちだが、トヨタの場合、絶えざるベンチマーキングによって「もっといいつくり方はないか」「もっと安くできる方法はないか」と永続的に取り組んでいる。

二〇〇〇年にトヨタは三年間でコストを三〇％、一兆円削減するという「ＣＣＣ21」を実行している。こうした実現不可能と思えるような目標を掲げて原価低減に取り組むこともあれば、生産現場において「日々改善、日々実践」によってコツコツと原価を低減する活動も続けている。もちろん、新車開発やモデルチェンジに際しては、設計部門と生産部門が開発当初から連携して原価低減に取り組んでいる。

トヨタの目指すもの、それは「全世界のお客さまに、最もよく、最も安い車を、最も早くお届けすることで、社会に貢献する」ことにある。高い競争力を維持するためには強いコスト競争力が欠かせない。

もちろん質を犠牲にして量は成り立たない。ＶＥの定義は、「最低のライフサイクルコストで、必要な機能を確実に達成するために、製品やサービスの機能的研究に注ぐ組織的努力」である。だが、「必要な機能」とは品質を保証するものでもある。トヨタにおいても品質保証と原価管理をつなぐものとして、ＶＥは重要な役目を果たしているといえる。

普及とともに進化するＶＥ活動

ここまではトヨタの原価低減活動を見てきたが、ではトヨタ以外の各企業はこれまでＶＥにどのように取り組み、また今後どのようにＶＥを活用しようとしているのか。

日立建機の流れを見ると、今後の方向性が実によく分かる。日立建機がＶＥ活動を開始したのは一九六〇年だから、既に五〇年近くＶＥに取り組んでいることになる。そして八四年に同社土浦工場がマイルズ賞事業部門賞を受賞、二〇〇三年にはマイルズ賞企業本賞を受賞するなど一貫してVEに取り組み、確実に成果を上げている。

同社のVEの取り組みをひと言で言うと、次のようになる。

一、購入品中心の部品レベルのVEから製品の開発段階からのVEへ

二、工場部門主体のVEから営業・サービス・レンタル部門を含むVEへ

三、ハードウェア（製品）中心のVEからソフトウェアを含むVEへ

四、購買技術から普遍的経営技術へ

こうした流れは、恐らく各企業に共通するものだ。トヨタの場合も、初期の頃のVEは購買を中心に進められ、それが少しずつ全体へと波及している。

あるトヨタマンが予算を二割削減するように指示されたときのことだ。あれこれ検討を進め、車を載せる定盤《ていばん》の図面を取り寄せて調べると、横や下部にも仕上げ加工されていることが分かった。この定盤は店頭に置くわけではなく、技術部のテスト工場の土間に穴を掘って埋め、試作車を載せて計測を行なう際に使うものだ。

定盤の横や下部の加工を目にするのは納品のときだけであり、その後は誰も目にすることはない。つまり、耐久性に特段の影響がない限り、横や下部に仕上げ加工をする必要は

まったくなかった。この仕上げ加工を省いたところ、コストを二割削減することができたのである。

トヨタはこうした事例を集め、事例集を作成して配布したり、各部品メーカーがVEによって価格を下げることに成功したものを体育館に一堂に集め、一種の見本市のようなものを開いたりして、VEに対する意識を広めていったという経緯がある。

日立建機の場合も最初は調達部門のVE活動からスタートしている。同社の場合、製造原価の七〇%を超える部分が、外部からの調達品とサービスで占められている。調達部門においてどれだけ原価を下げることができるかは、全体の原価を大きく左右することになる。

とはいえ、新製品の開発に際し、原価を決めるのは単に部品や部材といった購入品だけではない。これはトヨタも同様だが、それ以前の新製品の開発段階においてどれだけ顧客情報や他社情報を取り込み、設計や資材、生産技術、営業などが一体となって「もっといい方法はないか」と事前検討をしっかり行なわないことには、本当の原価低減は難しい。

■なぜ、全社的取り組みが必要なのか

その意味では、同社のVE活動が、当初の購入品中心の部品レベルのVEから、開発段階からのVEへと発展していったのは、むしろ当然のことといえる。加えて同社の場合、多くの企業のVEが設計や開発、生産部門中心であるのに対し、お客さまと日常的に接している営業やサービス部門においてもVE活動を実施している。

これはVEの定義を考えればむしろ当然のことだ。VEの定義に「必要な機能を確実に達成するために」という一文があるが、「必要な機能」というのは、とりもなおさず「お客さまが要求している機能」にほかならない。

お客さまの満足を得るモノを生み出し、市場に提供していくためには、企業がまず、お客さまの求める機能が何であるかを正確に把握したうえで、製品開発に臨む必要がある。

開発設計者というのは、新製品にはどうしても新しい機能をふんだんに盛り込みたがるものだ。もちろんそれによって他社製品との差別化も可能となるわけだが、そのためにコストが大きく引き上げられたり、あるいは本来お客さまが求めていない機能がたくさん含まれているようでは、本当の意味で「必要な機能」と呼ぶことはできない。ときに、お客

さまが求めていない不必要な機能は排除することも必要になる。

お客さまの要求している製品の機能は何かを正確につかみ、考え、必要な機能と不必要な機能を明確にする。製品にそれらの機能を割り当てたうえで、それらの機能の原価をつかむ。同じ機能を持っているモノで、別のモノはないかといった代替案を作成して、代替案の原価と比較して、はたして何が最善かを決めていく。

こうした作業を確実に行なううえでも、お客さまと日常的に接している部署の人たちが「ＶＥ意識」を持っているかどうかはとても重要になる。

同社が、営業部門やサービス部門にまでＶＥ活動の範囲を広げたのは、営業効率のアップやサービス活動の効率化という意味もあるが、より高い顧客満足度を実現するためにはこうした部門の活性化と情報収集力のアップも不可欠だったからである。

ＶＥが本当の意味で効果を発揮していくためには、部品中心、購買中心のＶＥだけでは限界がある。新製品開発段階のいかに早い段階からＶＥに取り組むか、設計開発だけでなく、どれだけたくさんの部門の情報や知恵を取り込むことができるかが、ＶＥの効果に大きく影響してくる。

加えてＶＥは会社方針とも大きく関わっている。どんな機能を持った製品を出していくのか、目標利益はいくらか、といったことは企業の意思であり、ＶＥはそうした方針を達成していくための手段でもある。日立建機がいうように、ＶＥが購買技術から経営技術に発展していくというのも当然のことと言える。

「要は、仕入れ価格をどうやって下げるかだろう?」「購買部門だけがやればいいことだ」などと、ＶＥを狭くとらえると大変な間違いになる。もちろんそれもＶＥの一つの役割、一側面ではあるが、今日的ＶＥは、より幅広い部門で活用され、全社的取り組みのなかで顧客満足度やコスト競争力を高めることに大いに役立っている。

ここまでＶＥの歴史や原則、今日的ＶＥへの取り組みなどに触れてきたが、この先は「なぜＶＥが実践できないのか」という現状を踏まえ、事例を交えながら、「どうすればＶＥをうまく推進できるのか」について筆者なりの見解を述べていくことにする。

第2章

変化をためらう理由はない

「社内にはVEの知識はもちろん、その有用性を知っている人は大勢いるのだが、なぜか実践が伴わないで困っている」

VEを手がけている企業のなかには、そんな悩みを抱えたところが少なくない。これはトヨタ式についても同様である。世の中にトヨタ式の知識を持つ人は山のようにいて、導入を試みる企業も数限りなくあるが、なぜかうまくいかない企業のほうが多いし、トヨタほどの効果を上げることのできる企業はほとんどないのが実情だ。

知識を持つことと実践することとは、往々にしてイコールではない。どんな管理技術であれ、それを実際に企業で活用し、効果を出そうとすると、周囲の抵抗に遭い、上司の無理解に悩まされ、さらには効果が際だって出ないのを理由に、中止を口にする人が現れる。こうして、せっかくの改革が躓《つまず》きを見せ、あっという間に後戻りをしてしまうというケースを何度も見てきた。

ここで紹介する一〇のケースは、VEに関して企業の現場でよく聞かれるものばかりだ。解答・アドバイスの類《たぐい》は、せいぜいヒント程度にとどめている。詳しい解決法は必ず本書のどこかに入っているので、そちらを参照していただきたい。

ケース一　もうコストダウンはやりつくして、これ以上やりようがない

こういう企業はVEを否定しているわけではない。これまでコストダウンについて散々頑張ってきただけに、今さらVEをやったところで、もうどうしようもない、という諦めにも似た気持ちを持っている。あるいは既にVEをやってきたが、もうこの辺がコストダウンの限界ではないかと、勝手に線を引いてしまっている企業もある。

では、「コストダウンをやりつくした」というのは本当なのだろうか。

トヨタ式を導入した企業でもしばしば見られることだが、改善を始めた頃はそれ以前にムダだらけのつくり方をしているだけに、ムダが次々と見つかり、改善は面白いように進む。効果もはっきりと目に見える。

ところが、一年くらい経って、そこそこ利益も出始める頃になると、パッと目につくようなムダは見つからなくなり、ある種の停滞期、改善の踊り場に差し掛かる。そんなとき「だいぶ儲かってきたし、もういいかな」とか、「もうムダもあらかた潰したし、改善もこの辺で打ち切りかな」という気持ちが湧いてきて、改善への取り組みが急速に衰えることがある。

ムダやコストダウンの芽は、実はいくらでもあるのだが、やっている当人が「もうやりつくした」という目で見ると、せっかくの芽が見えなくなってしまう。ある企業のトップが、「懺悔《ざんげ》・反省・謙虚さのない人にはQCはいらない」と言っていたが、謙虚さをなくし、慢心してしまうと、見えるものも見えなくなってしまう。改善するところがなくなったのではなく、実は当人が改善の芽を踏み潰しているわけだ。

VEの踊り場、VEの壁にぶつかったなら、周囲に目を向けて「もっといいモノは」「もっといいやり方は」とベンチマーキングをして、自社の現状と比べてみるといい。広く目を向ければ、いいモノ安いモノはいくらでもある。

トヨタ式に「改善したところをまた改善して、さらに改善する」という言葉があるが、「もういいのではないか」「もうやりつくした」「これ以上はムリだ」というところから、さらに一歩を踏み出してほしい。「コストダウンには限界がない」ということに、きっと気づくはずだ。

ケース二　今のやり方がベストで、これ以上のやり方なんかあるはずがない

「今がベストだ」という思いは変革への最大の障害となる。改善の基本は「昨日より今日、今日より明日へ」と少しでもいいモノを追い求めることであり、VEも「もっといいやり方はないか」と考え続け、実行していくことにある。そこには、変化を日常のことと考える強い気持ちが求められる。

一方、「今がベスト」と考える人は、変化を簡単に受け入れようとはしない。人は、今の慣れたやり方が自分に合っていると思いがちだ。はたから見て、それがどんなにおかしなことであっても、よほど困った状態に追い込まれない限りは変えようとしない。従来の慣れたやり方と新しいやり方を比較して、どちらを選ぶかと聞かれれば、たいていの人は慣れたやり方を選ぶ。

ある複写機メーカーの経営者は、変化を拒む営業部門を変えていくために、三年先のオフィスをシミュレーションし、「このままでは、君たちはお客さまのニーズに応えることができず、早晩、市場から取り残される」と、はっきり伝えた。たとえ現状が満足のいく状態だとしても、時代が変わり、市場ニーズが変化し、競合他社が変われば、あっという間に置いていかれるのが今という時代だ。お客さまのニーズは日々変化し続けていると考えれば、「今がベスト」と安住しているわけにはいかない。

トヨタ式でよく口にするのは、「現状維持は後退と同じ」だ。いつも周囲に目を向けて

「もっといいやり方はないか」「もっと安いつくり方はないか」と考え続ける。それが変化を当たり前のものとしてくれる。

ケース三　トップの理解がなく、やっても評価されない

自分の会社の売上げや、利益に関心のないトップはいないが、こと原価に関してはあまり関心がない、きちんと理解していないトップが案外と多いものだ。

何年か前のことだが、大手企業のトップ同士が商品価格について交渉を行なった。素材を供給するメーカーのトップが、相手に押し切られるようにして同意した価格というものが、実は原価を下回るものであり、その後しばらく大変な苦労を強いられたという。

トップが原価割れを承知で同意したのなら、それは経営判断であり、やむをえないことだが、もしトップが正確に原価を把握していなかったことが原因とすれば大問題だ。

企業のトップあるいは管理職は、利益の確保に向けて、「原価を下げろ」「ムダを省け」と号令をかけるが、ではそのトップや管理職が、どれだけ正確に原価を把握し、それを部下にも見えるように伝え、かつ原価を下げるための方法をきちんと指示しているかというと、はなはだ心もとない。

ＶＥ活動は今や全社的な取り組みを欠くことはできず、そのためにはトップをはじめとする経営陣の強いリーダーシップが欠かせない。筆者はトヨタ式の導入を希望する企業のトップには、自ら先進企業の視察に赴くこと、自ら先頭に立って生産改革に取り組むことを求めている。導入だけを決めて、あとは部下に「やっておけ」と言うようなトップに改革などできるはずがない。

ＶＥ活動の推進責任者は、トップに自社の原価の状況をしっかりと見せることが大切だ。それもどんぶり勘定で「いくら儲かった」ではなく、製品の一つひとつについて原価がいくらかかり、いくら儲かっているのか、いくら赤字なのかを詳細に見せる。同時に競合他社の数字も可能な限り調べて見せるようにする。

これはトップに限ったことではないが、問題が見えれば人は動くものだ。問題が見えないなかでの「頑張れ」「何とかしろ」では、ただの根性論であり、問題の解決には何の役にも立たない。

トップの理解のなさを嘆く前に、どうすれば原価や問題を見えるようにして、トップに危機感を持たせることができるかを考えることが必要だ。原価が見えるようになり、成果が数字で表されるようになれば、人は自然とやる気を出すし、トップもその活動を理解し評価するようになる。

ケース四　いくら「VEをやれ」と言っても周囲が動いてくれない

VEの担当者が必死になってVEの必要性を説いても、周りが本気になってくれないということがよくある。

「どうして分かってくれないのだろう」とつい愚痴を言いたくなる気持ちは分かる。でも、ちょっと考えてほしい。たとえば自分の子どもに対して、「遊んでばかりいないで、今日から毎日三時間勉強しろ」と叱ったとして、その子は素直に言うことをきくだろうか。恐らくほとんどの人は「親が言ったくらいで勉強するようになれば何の苦労もありませんよ」と苦笑いを浮かべるはずだ。

子どもでさえそうなのだから、まして大の大人である社内の人間に担当者が「VEをやれ」と言ったくらいで、簡単に従うと思うほうが間違っている。

ましてVEは、今のやり方に対して、「もっといいやり方はないか」と考え、変えていくことが求められる。考えるのはしんどいことだし、慣れたやり方を変えることにはリスクも伴っている。だとすればそんな余計なことをしないで、これまで通りのやり方を続けるほうがずっといいに決まっている。

変化をためらう人たちを動かしていくためには、問題を見えるようにするだけでなく、変えた結果をきちんと見えるようにすることが大切だ。VEを実践した結果、「こんなにコストが下がったよ」「こんなにやり方が楽になったよ」「お客さまにこんなふうに喜ばれたよ」という結果をきちんと見せていく。

トヨタ式改善を進めるコツの一つは、「日々改善、日々実践」にある。何かアイデアがあったらまずやってみる。実際に動けば、遅くとも二、三日後には効果が見えてくる。変えた結果がよければ、人はまた変えてみようと前向きになる。

VEの成功事例が見えるように、全社的にVEの情報を共有することが大切だ。人は権限だけでは動かない。成果を一つひとつ見せ、理解と納得を得る。時間はかかるが、全社的にVEマインドを根付かせるためには、こうした努力が欠かせない。

ケース五　設計者から「オレの仕事にケチをつける気か」と反発された

VEを効果的に進めるためには、製品の設計開発段階といった、できるだけ早い時期から着手するほうがいい。

ところが、設計者のなかには、「製品のことはオレが一番よく分かっている」と思い込み、部外者の声があがろうものなら、「オレの仕事にケチをつける気か」とけんか腰になり、取り合おうともしない人がいる。こうした縄張り意識は、VEの障害となるばかりか、組織の硬直化の原因となる。

ある複写機メーカーが、製品のつくりにくさ、リサイクルのしにくさに悩んでいた。工数が多いと時間もかかるし、余計なコストもかかることになる。設計者にそう訴えるのだが、「製品のことはオレに任せておけばいい」と一向に取り合わない。

考えた末に、設計部門のエンジニア数名をリサイクルセンターに連れて行って、実際に複写機の解体をさせた。自分たちが設計した製品だけに、最初は自信満々だったが、肝心のモーターをとりはずす段になって、作業がまったく進まなくなった。ネジをすべてはずしたはずなのにモーターがはずせない。

よくよく調べると、外からは見えにくい場所に一本のネジがあり、そのためモーターをはずすことができなかったのである。エンジニアの一人が、思わず「なんでこんなところにネジなんかつけるんだ」と声を荒げた。当の設計者は神妙に、ネジが何本も見えると、複写機を開けて修理する際に見栄《みば》えがよくない。そこで意図して見えにくい場所につけた、と種を明かしたという。

ネジがどこについていようが、何本あろうが、お客さまにとってはどうでもいいことだ。にもかかわらず設計者の勝手な美意識、というよりは思い込みで面倒な設計をして、お陰で生産部門も、サービス部門も、リサイクル部門も大変な苦労を強いられていたのである。

設計者は一人で仕事をしているわけではない。後工程の人たちの「仕事のしやすさ、つくりやすさ、売りやすさ、修理のしやすさ、リサイクルのしやすさ」も考慮しないと、本当の意味で「いいもの」は生まれない。

VE活動の基本はみんなの知恵を集めて活用するチーム・デザインにあるが、同時に「後工程はお客さま」という意識をしっかり持たないと、設計者の「自己都合」「自己満足」のモノづくりになってしまう。

ケース六　仕事が忙しくてVEを実践する暇がない

トヨタ式改善でも、「知恵を出してほしい」と言おうものなら、「毎日の仕事だけでも忙しいのに、そのうえ知恵を出せと言うのか」という反発が必ずある。

たしかに少ない人数、ギリギリの人数でやり繰りしている企業にとって、改善とかＶＥは「余計なこと」にしか思えない。しかし実際には、そういう企業だからこそ改善とかＶＥが必要になる。

忙しさの背景には、往々にしてムラ、ムリ、ムダがあるものだ。仕事にムラがあるからムリをしてムダが出ることになる。だとすればＶＥを実践することによって「もっといいやり方は」と考え、実行に移すことで、今のやり方より効率的な方法を見つけることができるかもしれない。

現状に満足している人が知恵を出すことはほとんどない。問題を抱え、忙しさに耐え、しんどいなと思うからこそ、人は何とか楽になる方法はないかと考えるようになる。「忙しい」とか「しんどい」をそのままにしておくと会社への不満、仕事への愚痴となるが、「もっといい方法はないか」「もっと楽なやり方はないか」と考えれば、そこに知恵が生まれ、やりがいへとつながっていく。

こうした気づきからトヨタ式改善がスタートするように、ＶＥも「これはもうちょっと何とかならないかな」といった小さな気づきから始めればいい。そんな小さなアイデアが、実は原価低減への第一歩となっている。

ケース七　十分利益を出しているので、わざわざＶＥを実践する必要がない

トヨタ式の導入を考える企業には二種類ある。

一つは十分な利益を出し、強い競争力を持っている企業が、さらに強くなるために導入するケース。もう一つは、このままでは赤字になるといった厳しい状況に追い込まれ、必死の思いで導入に踏み切るケースだ。

どちらがいいかは別にして、両者に共通するのは、どちらも強い危機感が背景にあることだ。やがて来る危機なのか、今ある危機なのかの違いだけである。

ギリギリ崖っぷちに追い込まれてからできることは、実は限られている。結局は、人を減らすとか、工場を閉鎖するといった施策になってしまい、贅肉《ぜいにく》を減らすというよりは、肝心の筋肉を落としてしまうことになりやすい。合理化によって強くなるはずが、かえって弱体化してしまうのである。

本当の合理化は、経営が順調なとき、儲かっているときにするというのがトヨタ式の考え方だ。合理化は儲かっているときに、モデルチェンジは売れているときにやるからこそ効果を発揮する。

赤字転落必至といった、ギリギリの状況に追い込まれてからでは、VEどころか、明日の生き残りを優先せざるをえなくなってくる。VEが真に効果を発揮するのは、たとえば新製品開発の最初の段階といった、まだ十分に知恵を出し、あれこれ試行錯誤もできる時期だ。

儲かっているからこそVEを実践する。そうすることで、強い企業はさらに強くなることができる。追い込まれてやるVEは、どうしても苦し紛れのものになりやすい。

ケース八　昔はよくVEを実施したが、今でも使えるのだろうか？

「新入社員の頃にはよくやったけどなあ」。VEに関して、各企業のベテラン社員からよく聞く言葉だ。

VEが日本に初めて紹介されたのは一九五五年というのは先に触れたが、VEが日本企業の間で一気に普及したのは、七〇年代のオイルショックのとき。それまで日本企業は、「つくれば売れる」という状況のなか、高度成長時代を謳歌《おうか》し、その後も順調に成長を続けていたが、このオイルショックによって一気に景気の減速、低成長を余儀なくされることになった。

売上げが伸びなければ原価を下げるしかない。VEの注目度が高まったのは当然のことと言える。それから三〇年余りを経て、VEに懸命に取り組んだ人も、既に五〇代になっている。当時VE活動を始め、今も実践し続けている企業もあれば、その後ご無沙汰になった企業もある。

「今でも使えるのか」と聞かれれば、当時のままのやり方では使えない、という答えになる。これは何にでもあてはまることだが、どんなにすぐれた管理技術、経営システムでも、時代が変わり、つくり方が変われば、そのままのやり方がいつまでも通用するはずがない。

では、なぜ今でもVEをやり続けている企業があるのか。それはVEの精神や原則をきちんと守りながらも、時代に合わせ、自社に合わせて改善をし続けているからにほかならない。

大切なのは「必要な機能を維持しながら原価を下げていく」ということであり、そのための手段・手法が変化するのは当然と言える。いつの時代もそのまま使える管理技術など存在しない。どうすれば使えるかを考えるのが仕事というものだ。

ケース九　コストさえ下げればいいんだろう？

「VEってコストダウンでしょ」。こうした十把ひとからげの答えは、多くの人がVEに抱いている誤解の一つだ。

たしかにVEの目的の一つはコストダウンだが、だからといって機能を十分に果たすことができないようなコストダウンでは何の意味もない。図表3を見ていただきたい。VEで使われる「V＝F／C」の式をもとに、機能とコストそれぞれがどのように動けば、価値が上昇するかを表したものだ。

大きな社会問題となった耐震偽装騒ぎの際、「経済設計」という言葉をしばしば耳にした。設計によってコストダウンをして、かつ機能を維持することができれば、たしかに経済設計といえるが、コストダウンと同時に機能の大幅な低下を招いたのでは、それはもはや経済設計とは呼べない。

こうしたコストダウンのやり方は、VEとはまったく相容れないものである。VEを単なるコストダウンと考えると間違いが起きる。

VEは、機能とコストダウンのバランスをとりながら改善を行なうものであり、価値の

図表3 ● VEにおける機能とコストの関係

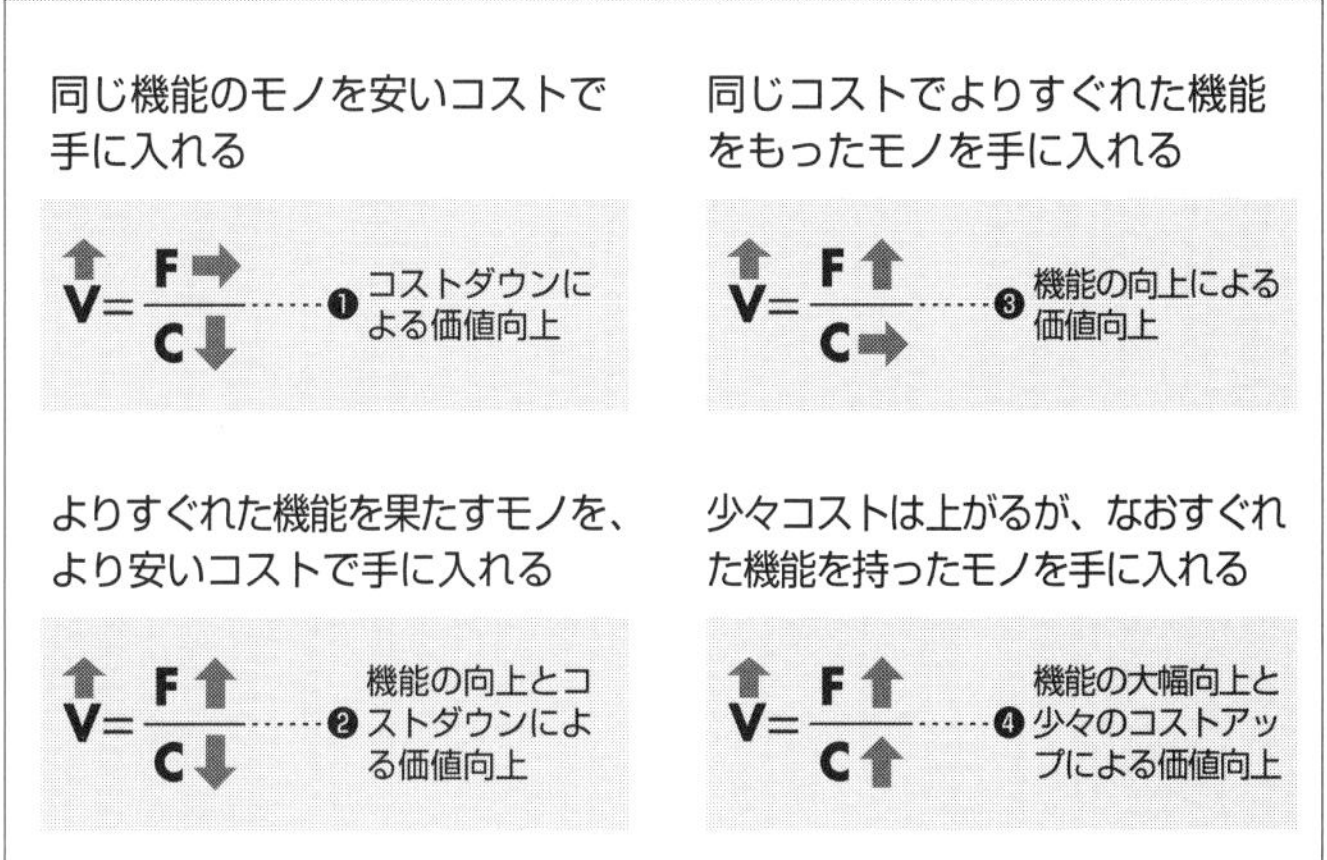
同じ機能のモノを安いコストで手に入れる
V= F/C
❶コストダウンによる価値向上
同じコストでよりすぐれた機能をもったモノを手に入れる
V= F/C
❸機能の向上による価値向上
よりすぐれた機能を果たすモノを、より安いコストで手に入れる
V= F/C
❷機能の向上とコストダウンによる価値向上
少々コストは上がるが、なおすぐれた機能を持ったモノを手に入れる
V= F/C
❹機能の大幅向上と少々のコストアップによる価値向上

出典：「バリュー・エンジニアリング」

向上こそが本当の目的なのである。

ケース一〇　資格さえとればいいんでしょ

ＶＥを実際に運用するには、ＶＥを正しく理解し、しっかりした基礎知識が求められる。その実力を客観的に認定するのがＶＥの資格といえる。とはいえ、知識と実行はイコールではなく、ＶＥを実際に企業で展開し、成果を上げていくためには、人を説得し、人を動かし、組織を動かしていくことが不可欠だ。

ＶＥで取り組む問題は多種多様であり、経験を積み、試行錯誤を重ねながら能力を磨いていくことが欠かせない。

資格はゴールではない。実践へのスタート

を確かなものにするためにある。資格をとってそこで満足してしまってはいけない。さらに実践と勉強を重ね、もっと上の資格を目指すのもよい。

ＶＥ資格者には、ＶＥで成果を上げ、企業の成長を後押しするという大切な役目がある。このことを、しっかりと肝に銘じてもらいたい。

コストダウンは企業にとって永遠の課題であり、そこに「これでいい」というゴールはない。

第3章

ＶＥは
身近にある

■「百見は一行に如かず」

前章で、VEがなかなか実践できない理由を見てきたが、「そもそもVEとは何なのか」「VEをやればどんないいことがあるのか」といったことがなかなか目に見えにくい点にも原因がある。

トヨタ式は、今でこそトヨタ自動車という成功事例があり、誰もがその効果を認めざるを得ないが、大野耐一氏がトヨタ式を関連会社や協力会社に展開し始めた頃は、周りからなかなか理解を得ることができず大変な苦労をした。

筆者もいくつもの協力会社に行き、生産改革を進めようとしたが、やはり現場の強い抵抗に遭い、それを突破していくことの大変さを痛感した。

こうした抵抗を打ち破る秘策というのは特にない。たとえば複数あるラインのうちの一本をモデルラインとして、目指すつくり方を試みる。少しずつ改善を積み重ねるうちに効果が見えるようになり、従来のラインと比較するうちに「こっちのやり方もいいな」とみんなが少しずつ考えるようになり、理解が広まっていく。

何かを変えるというのは権限や権力だけではどうにもならない。少しずつ変えていき、効果をみんなに見てもらい、徐々に理解と納得を得る。権限や権力を駆使すれば一度や二度は無理やり変えていくこともできるが、そこには納得もなければ、みんなの理解もないため、気がつくとあっという間に元に戻ってしまっていたということも多い。時間はかかるが、改革には地道な努力も欠かせない。

VEの素晴らしさを理解して、みんなに関心を持ってもらうためには、実際に企業の現場で実行されたVEの事例を見てもらい、実際に自社でもVEの効果を証明することが必要だ。

トヨタ式に「百聞は一見に如《し》かず、百見は一行《いっこう》(行動)に如かず」という言葉がある。一〇〇の言葉を尽くすよりも一回見るほうが理解は深まるし、一〇〇回見る以上に、ただ一度の実行がさらに高い説得力を持つ。

「他社はこんなふうにしてVEに取り組んでいるんだよ」「VEによって他社はこんな効果を上げたよ」という情報のあとには、まず自社でVEを実際にやってみることだ。

それほど大がかりなものである必要はない。実際にやってみて、その効果がしっかりと目で確認できれば、それに賛同する人が必ず出てくるものだ。

アイデアはまず形にする。効果は必ず目で確認をする。その積み重ねがVEの輪を広げていくことになる。

■「VEの五原則」とは

では、実際の事例紹介に移る前に、事前知識として知っておいていただきたいことがある。それは、VEの基本原則として広く知られているVEの五原則（図表4参照）である。これは、VEを志す人が最初に学ぶ項目で、VE実践の総則として『新・VEの基本』（土屋裕監修、産業能率大学出版部刊）をはじめとした基本書には必ず掲載されている。

第1章で触れたGEの「アスベスト事件」で分かるように、もともとVEは、原則というものがあって活動が始められたわけではない。実際の成果を通して、先駆者たちが試行錯誤し、少しずつ手順を見いだしていったのである。

内容は、読んでいただければすぐ分かるように、きわめて単純・明快で、しかも洗練されている。VEを実践している人は、この五原則を完全に頭にたたき込んでいるはずだ。では、次の項から、VEの事例を四つほど紹介することにする。事例のそれぞれについて「VEとの関連」として五原則との関わりがまとめてあるので、参考にしていただきたい。

図表4 ● VEの5原則

第1原則「使用者優先の原則」

企業が製品をつくり、サービスを提供するのは、お客さまに喜んで使ってもらいたいからだ。
そのためには「お客さまは何を求めているのか。何を欲しいと思っているのか」を正しくつかみ、それに応えるモノをつくり出す必要がある。
つくり手の論理、売り手の論理ではなく、お客さまの立場に立って、お客さまの満足を願って活動するのがVEである。

第2原則「機能本位の原則」

お客さまの要求は、モノではなく機能の達成にある。
電球を買うのは明かりを必要とするからであり、光らない電球では何の価値も持たない。
いいモノをつくるためには、お客さまが必要とする機能を正しくつかむことが必要であり、「機能は構造に優先する」がVE基本姿勢となる。

第3原則「創造による変更の原則」

VEは「もっといいモノを」「もっと安いモノを」を追求する改善活動だが、それを支えるのはVEに携わる人たちのアイデアであり、創意工夫である。人間の持つ考える力、創造する力こそがVEを支えていくものとなる。

第4原則「チームデザインの原則」

VEは一人の力に頼るのではなく、みんなの知恵や力を結集することでよりよいモノを生み出していく活動である。複数の部署にまたがる活動であり、それぞれの専門家が組織の壁を超えて協力し合うところにVEの特徴がある。

第5原則「価値向上の原則」

VEは単なるコストダウンではない。価値ある製品やサービスを生み出すことでお客さまに高い満足を得てもらうことを目的としている。コスト低減とVEはイコールではなく、機能とコストのバランスをとりながら価値の向上をはかるのがVEの大原則である。

■身近なＶＥ事例その一　ポインター（指示棒）

今ではあまり見かけなくなったが、「指示棒」というのをご存じだろうか。学校の先生などが、授業の際に、黒板などを指し示すときに使う長い棒のことである。ポケットに入るくらいの棒であるが、先端を引き出すとかなりの長さになる。筆者も使っていた時期があるが、この先端を引き出す行為が、なんだか格好よく思えたものだ。

しかし、最近ではほとんど目にすることはなくなった。代わって登場したのが「レーザーポインター」だ。最近のプレゼンテーションはほとんどがパソコンを使い、スクリーンに図表などを映すことで行なわれる。その際、プレゼンターが指示棒を使っていちいち指し示すのではなく、レーザーポインターを使って「ここに注目してください」とレーザーを飛ばすことになる。

これなどは「説明部分を指示する」という機能に着目して、まったく新たなアイデアを生み出した事例だ。従来の指示棒にこだわったままだと、せいぜいが素材の改善や大きさの改善にとどまるところを、ＶＥ発想で重要な機能に着目することが成果につながった。コストも上がるが、機能が大幅にアップすることで価値も向上する例だ。

図表５ ● 身近なVE事例――ポインター（指示棒）

1. 目的・背景・概要

黒板の必需品であった指示棒だが、再度、機能という観点からのアイデア発想をすることで、改革的なアイデアが生まれる。

2. 着眼点、改善ポイント

- 機能からのアイデア発想で改革的なアイデアが生まれる
- 機能という観点からで「思考を変える」

3. 改善事例　基本機能：説明部分を指示する

モノからのアイデア発想

- 把手部の材料、寸法変更
- シャフト部の表面処理、材質変更
- 先端部の材質、寸法変更

　等のアイデアで終わってしまう

⇩

機能からのアイデア発想

- レーザーポインターが生まれる

改善効果

　現状を打破した改革的なアイデアが生まれる

4. VEとの関連（5原則）

①使用者優先の原則
　遠くからも説明部分が指示できるという利便性が向上する
②機能本位の原則
　現在の指示棒にこだわらず、機能は何かを考える
③創造による変更の原則
　「説明部分を指示する」という機能からのアイデア発想で生まれる
⑤価値向上の原則
　[価値V]大幅↑＝[機能F]↑／[コストC]↑
　(少々コストは上がるが、なおすぐれた機能を持ったモノを手に入れる)

出典：「VEリーダーのための実践事例集」より

■身近なＶＥ事例その二　国民宿舎「鵜の岬」

国民年金や雇用保険といった、公共の資金を使って建てられた官の施設の評判がよくない。十分なお金をかけているだけに、施設自体は立派なものが多いのだが、集客という点でもともと計画に無理があったものもあれば、サービスなどのソフトが弱すぎて結局は赤字を垂れ流す結果になっているものも少なくない。世論に押され、毎年の赤字に耐え切れなくなり、当初に投じた資金の回収もできずに、ほとんどタダ同然で施設を売却するというニュースを目にする。

「公共の宿＝サービスが悪い、赤字続き」といった評判が一般的ななか、予約開始と同時に一カ月分の予約がほぼ埋まってしまうという国民宿舎が茨城県日立市にある。

国民宿舎「鵜《う》の岬」の特徴は、徹底した「お客さま本位」の活動を展開していることだ。お客さまに感動を提供することを目標に、どうしたらお客さまが喜ぶかを徹底的に考え抜くことで、他の国民宿舎とはひと味もふた味も違うサービスを実現している。だからこそ一〇〇％近い利用率が可能になるし、高いリピーター率となる。コストをかけるのではなく、働いている人たちがサービスの質を高めることで価値の向上をはかっている例だ。

図表６ 身近なVE事例――国民宿舎　鵜の岬

1. 目的・背景・概要

対応がお役所並み、サービスが悪いという印象もある公共の宿。そんななか、97.7%という驚異の宿泊利用率をあげる国民宿舎が茨城県日立市に存在する。

2. 着眼点、改善ポイント

- 「人を家に招いたときに母を手伝う気持ちでお客様に接すれば、対応は心がこもったものになる」
- 何事も臨機応変に対応している

3. 改善事例　基本機能：感動を提供する

- フロントをはじめ、接客者すべてが笑顔で応対
- 高齢者に配慮し、エレベーター内に丸椅子を設置
- 夕食時間中にお客様の靴磨き
- 同室のお客様が間違えないように、備品を色違いで区別
  - ・タオルの刺繍文字の色を変える
  - ・タオル入れの袋の紐と歯ブラシの色を合わせる
- お客様からのアンケート指摘事項で、すぐできるものは即改善実施

改善効果

- 利用率97.7%、高いリピーター率
- 予約日にはその日だけで１カ月分の予約がほぼ埋まってしまう

4. VEとの関連（5原則）

①使用者優先の原則
お客様に感動、満足感を提供する
②機能本位の原則
どうしたらお客様が喜ぶかということを考えている
③創造による変更の原則
人を家に招いたときに母を手伝う気持ちで接している
④チームデザインの原則
先輩のリーダーから新人までグループで活動している
⑤価値向上の原則
1）機能は向上　　2）コストは抑えて
［価値Ｖ］↑　＝　［機能Ｆ］↑／［コストＣ］→

出典：「VEリーダーのための実践事例集」より

■身近なＶＥ事例その三　「コードレスアイロン」

今ではかなり一般的になったコードレスアイロンも、「ＶＥとは何か」を知るうえではとてもよい素材だ。開発の最初のきっかけは、主婦の声だったという。

アイロンをかけている衣類にコードがまとわりつき、コードをさばきながらのアイロンがけがとても不便だった。コードの長さによって、かける場所やかける姿勢も自ずと制約されることになる。「コードがないと本当にダメなのか」がＶＥ発想のスタートだった。

ＶＥの基本は、原点に立ち返って考えてみることだ。コードがついたままのアイロンを前にして「どうすればより使い勝手がよくなるか」と考えたとしても、改善できる点は自ずと限られてくるが、「そもそもコードは何のためにあるのか」「このコードは本当になくてはならないものなのだろうか」と考えを進めていくことで、「お客さまが不便を感じているとすれば、コードをなくしてみては」という発想にたどり着くことができる。

もちろん従来のアイロンにはない発想であるだけに、「そんなバカな」「そんなことはムリだ」という抵抗もあるが、それに負けず問題を一つずつ解決することでコードレスアイロンを実現することができたのである。

図表７ ● 身近なVE事例――コードレスアイロン

1. 目的・背景・概要

主婦の声がきっかけ。
アイロンがけをする時に、コードが衣類にまとわりついてくる。
コードがないと、本当にダメなのだろうか。
昔、シワを伸ばすには、コテを火鉢の上で温めて使っていた。

2. 着眼点、改善ポイント

アイロンがけをする時に、どんなことがおきているか、よく調べてみよう。

⇩

アイロンがけの様子をビデオカメラで撮影し、その結果を分析した。

⇩

アイロンをかけている時間は………11秒
衣類を整えている時間は…………… 8 秒

⇩

アイロンを、アイロン台の上に置いている8秒間に
アイロンが元の温度になれば、コードはいらないはず。

3. 改善事例　機能：電流を流す・コードのからみをなくす

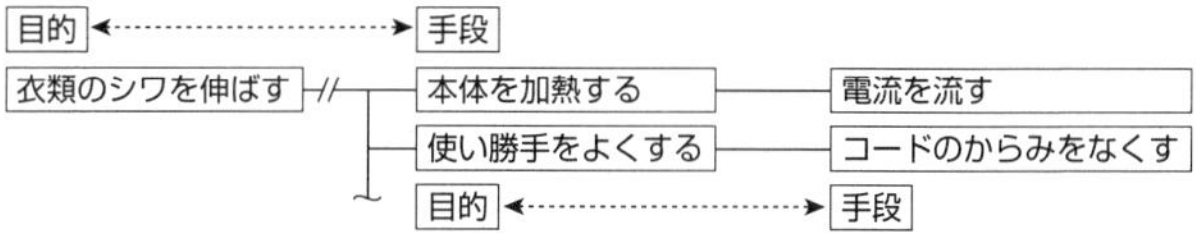

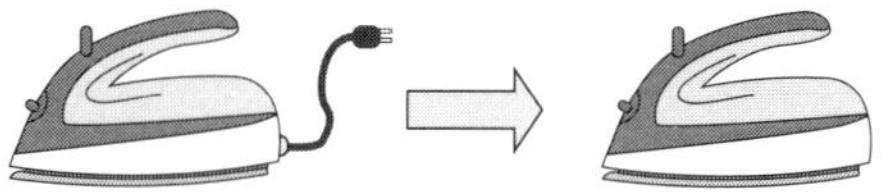

4. VEとの関連（5原則）

①使用者優先の原則
ものづくりはお客様の要求から始まる ➡ コードは邪魔だな !!!
②機能本位の原則
原点に立ち返って考える ➡ コードは何のためにあるの？
③創造による変更の原則
アイロンを置いている間に、元の温度になればいい

出典：「VEリーダーのための実践事例集」より

■身近なＶＥ事例その四　「信号機」

品質というのは企業が商品をつくって納品したときの品質だけではない。それを買ったお客さまが使っているときの品質や、廃棄する際の品質も問題になる。納品時の検査では問題がなくても、長年使用している間に問題が起きてくるようだと、商品をつくっている側が品質の問題として考えることが求められる。単に「使い方の問題だ」と切り捨てるのは、メーカーの正しい姿ではない。

コストについても、長いスパンで考える視点が重要だ。商品というのは購入するときのコストだけでなく、その商品を使い、保守し、廃棄するためのコストもかかる。最初の価格がいくら安くても、その後のコストが高くつくようだとお客さまの満足を得るのが難しい。反対に購入時の価格が多少割高でも、その後のコストが安くすむなら、逆にお得感が出ることとなる。ＶＥの定義が「最低のコスト」ではなく、「最低のライフサイクルコスト」となっているのは、このようにコストをトータルで考えているからだ。

信号機をランプからＬＥＤに変えることで、トータルコストの削減が可能となった。ＶＥではこうしたトータルなものの見方が欠かせない。

図表８ 身近なVE事例――信号機

1. 目的・背景・概要

信号機設置を普及させるには、設置にかかる製品からサービスまでのトータルコストを下げることが必要。

目的・手段を明確にして、何に費用がかかっているかを分析し検討。

2. 着眼点、改善ポイント

①着　眼　点：VEはトータルコストの削減である
②改善ポイント：対象物変革と保守費・ランニングコストの削減

3. 改善事例　基本機能：色（赤・青・黄色）を伝える

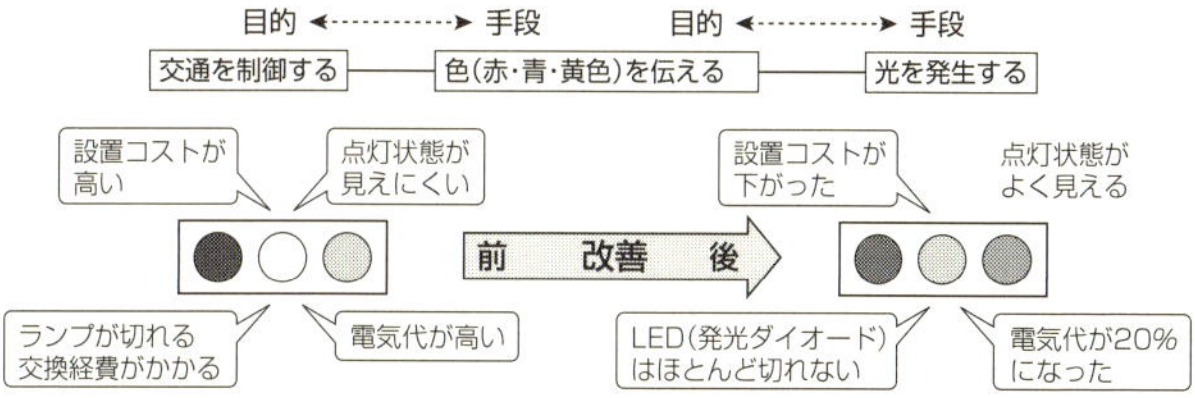
目的
手段
目的
手段
交通を制御する
色(赤・青・黄色)を伝える
光を発生する
設置コストが高い
点灯状態が見えにくい
設置コストが下がった
点灯状態がよく見える
前　改善　後
ランプが切れる交換経費がかかる
電気代が高い
LED(発光ダイオード)はほとんど切れない
電気代が20%になった

改善効果
①機能の大幅向上 ……よく見えて事故が減った
②原価 ……トータルコストが削減された
③ランニングコスト ……電気代80%削減
④保守費 ……ランプ交換費用(人件費・作業費)削減

4. VEとの関連（5原則）

①使用者優先の原則
- 目の悪い人にもよく見えるようになった（エンドユーザーの声）
- 設置費用が下がり設置しやすくなった（自治体の声）

②機能本位の原則
「色を伝える」手段として、色フィルターとランプを使用していた
従来のランプにこだわらず、「光を出す」機能で考える

③創造による変更の原則
この「光を出す」機能のモノは、ランプ、LED、蛍光体、プラズマなどがある
➡「光を出す」機能本位の創造による発想で考える

④チームデザインの原則
人間工学、電気工学、機械工学、サービスマン、製造などのプロの考えが必要

⑤価値向上の原則
1)機能は向上し、2)トータルコストの削減（ランニングコスト他）
3)保守費（球切れ交換など）の削減
[価値V] 大幅↑ ＝ [機能F] ↑／ [コストC] ↓

出典：「VEリーダーのための実践事例集」より

第4章

ＶＥを着実に進めるために

第一節――VEは、どう進めていくのか

■ステップは、一歩ずつ着実に

「VEとは何か」「VEをやることにどんな意味があるのか」といった点については、これまでの三章でほぼ理解いただけたことと思う。本章からは、実際にVEに取り組む場合、どのような手順で進めればいいのかを述べていくことにする。

まず最初に、最も基本となる実施手順を述べ、次にVEの先進企業を例に最新のVE手法を紹介することにする。

ここで気をつけていただきたいことがある。先進企業の事例を見て、いきなりそれを自社でやってみたいと考えても、実際にはかなり無理があるという点だ。

これはトヨタ式においてもよくあることだ。先進企業に視察に行くと、いきなり筆者とともに見学に訪れた企業経営者から、「トヨタ式をすぐに導入したいので、当社のつくり

方を一気に変えてくれませんか」と依頼されることがある。もちろん、やってやれないことはない。というよりも「変えてくれ」と言われれば、それこそ一夜にして生産ラインやつくり方を変えるのはわけもないことだ。

新しい生産ラインをつくり、標準作業を用意して、「今日からこのやり方でやってください」と現場の人たちに新しいやり方を教え込む。このやり方でも最初はそれなりの効果が期待できるのだが、しばらくすると必ず停滞期に入る。

なぜか。トヨタ式の基本は、現場の知恵によって、日々「よりよく、より早く、より安いつくり方」へと改善を進めることにある。いきなり新しいやり方を教えられ、「さあ、これでやってくれ」では決してうまくいかない。そもそも現場の知恵が何も入っていないうえ、働いている人たちが知恵を出すこと、改善することに慣れていない。これでは新しいラインに対して何の改善もできないことになる。これでは限界が来るのは見えているし、こうしたつくり方で強い競争力など生まれるはずもない。

だからこそトヨタ式は、工場の自働化一つとっても、実に二四ものステップを踏んで改善を進めていく。トップダウン型に比べて多少時間はかかるが、ステップを一つずつ踏むことで現場の人たちは知恵を出し、改善を行なうことで確実に知恵を出すことを覚え、成長していく。

こうした改善力のある現場は、その後も改善を続けることで強い現場、競争力のある現場へと変わることができる。

ＶＥも同じことだ。最初からいきなり凄いＶＥを目指そうとしても無理がある。そこにはＶＥマインドのある人財も育っていなければ、ＶＥの風土も根付いていない。ただの物真似に終わってしまう可能性が高い。そのようなＶＥ活動は、決して長続きしないし、本当のコスト競争力も身につかない。

まずは基本を正しく理解して、ＶＥのステップを一つずつ踏みながら進めていくことだ。そうすることでＶＥとは何かも正しく理解できるようになるし、周囲の人たちもＶＥの効果について少しずつ認識するようになる。

ＶＥ活動の展開には、「ＶＥ実施手順」と呼ばれるものがある（89頁図表9参照）。このステップに従って問題解決に取り組むことで、「問題は何か」が明確になるだけでなく、ＶＥを実施する人たち自身の問題解決能力も確実に高まり、かつ価値ある代替案を提示することができるようになる。

まずはこのステップに従って、問題を一つずつ解決していくことだ。そうすることでＶ

Ｅマインドのある人財が育ち、企業のなかにＶＥの風土が少しずつ定着していくようになる。

実施手順の概要

ステップ1　ＶＥ対象の情報収集

ＶＥ活動は情報の収集で始まる。これから改善しようとする問題について、各分野の情報を集め、何が問題なのか、何を求められているのかを正確につかむことが、ここでは求められる。

　ＶＥを進めるためには、「その働きは何か」「そのコストはいくらか」「その価値はどうか」といった質問にきちんと答えることが必要になるが、その際、情報の収集がいい加減で専門知識が不足していると、質問に正確に答えられないばかりか、せっかく考えた代替案自体が的外れなものに終わってしまう可能性がある。そうした愚《ぐ》を避けるためにも情報収集は多少時間をかけてでもきちんと行なうことが求められる。

　なお、情報というのは、ただ座って待っていれば集まるというものではもちろんない。専門知識を持っている人を訪ねることも必要だし、現場現物で確認することも当然必要になる。

第5章で紹介する大分県庁土木建築部の場合、公共工事のVEに際し、周辺住民や利用者のヒアリングを丹念に行なうことはもちろん、専門知識を持つワークショップのメンバー全員が現地へ行き、七、八時間かけて自分の足で歩き、自分の目で見ることでたくさんの情報を収集している。

建設ゼネコン大手のフジタも、ワークショップは会議室で行なうだけでなく、実際に建物を建てる場所に行き、現場現物現実を大切にしている。情報には現地でしか分からないことがあり、現地に行くことによって新たなアイデアが生まれる、というのが四〇年以上にわたってVEを続けているフジタの実感でもある。

ステップ2　機能の定義

VEは果たすべき機能を原点にして、新たな価値の発見に挑戦する活動である。そのためにはこれから改善をしようと考えるモノについて、「果たすべき機能は何か」「どんな機能上の要求があるのか」を明確に把握する必要がある。VEではこうした機能を「一つの名詞と一つの動詞」によって表すところに特徴がある。

図表９ ● VE実施手順

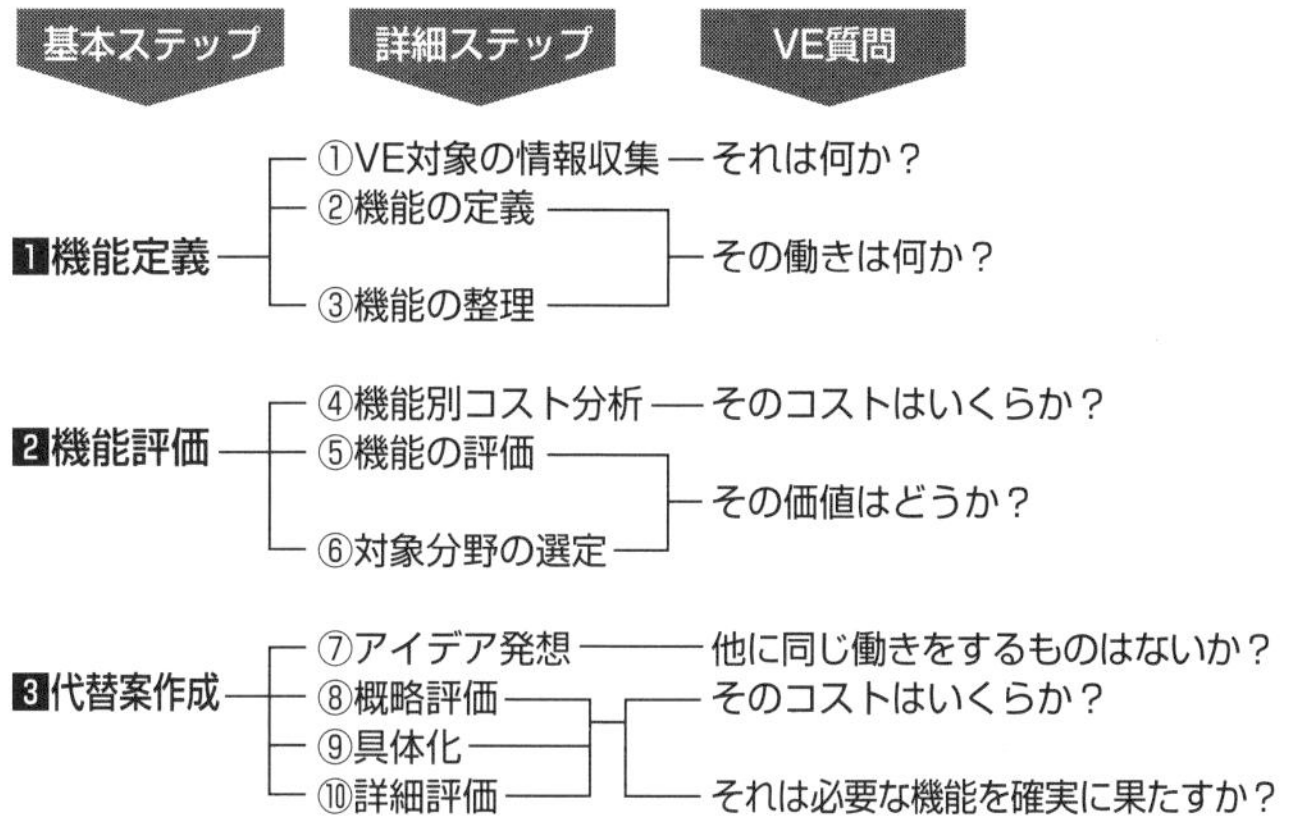

出典：「新・VEの基本」（産業能率大学出版部刊）より

たとえば第3章の「身近なＶＥ事例」で紹介したポインター（指示棒）の改善事例を思い出していただきたい。これなどはポインターの基本機能を「説明部分を指示する」と定義することで、従来の指示棒の改善ではなく、レーザーによって説明部分を指示するレーザーポインターの発想を導くことに成功している。

もし、こうした機能の定義を行なうことなしに、目の前の指示棒だけを見て「何か改善の余地はないか」と考えたとしても、せいぜい指示棒の素材を変更するとか、長さを変えるとかいった小手先の改善案に終始したはずだ。

モノを見ながらのアイデア出しは有効な手

段ではあるが、それではモノ本位のアイデア発想になりがちである。どのような場合にも、機能本位に考えるということを大切にするといいだろう。

たとえば、鉛筆や電球ではどうだろう。「鉛筆の機能は？」「電球の機能は？」などと問うと、あまりにも身近すぎて、「何を今さら」「何を当たり前のことを」と最初は戸惑うかもしれない。しかし、こうしたものの一つひとつを丹念に定義していくことで、思わぬ発想が生まれることもある。このステップも決しておろそかにしてはいけない。

ステップ3　機能の整理

ＶＥの特徴は機能をもとに改善することにある。

ステップ２で「機能の定義」を行なうことで、どんな機能があるのかは明確になったが、ステップ３では、定義された機能を「目的的な機能」と「手段的な機能」に分けて体系的に整理を行なうことになる。

これをＶＥでは「機能系統図」と呼んでいる（図表10参照）。果たすべき目的をもとに、よりよい手段を追求していくのがＶＥであり、目的的な機能から考えれば、より幅広いアイデアが得られるのに対し、手段的な機能から考えると、現状に近いアイデアにとどまる

図表10● アナログ式腕時計にみる機能系統図の例

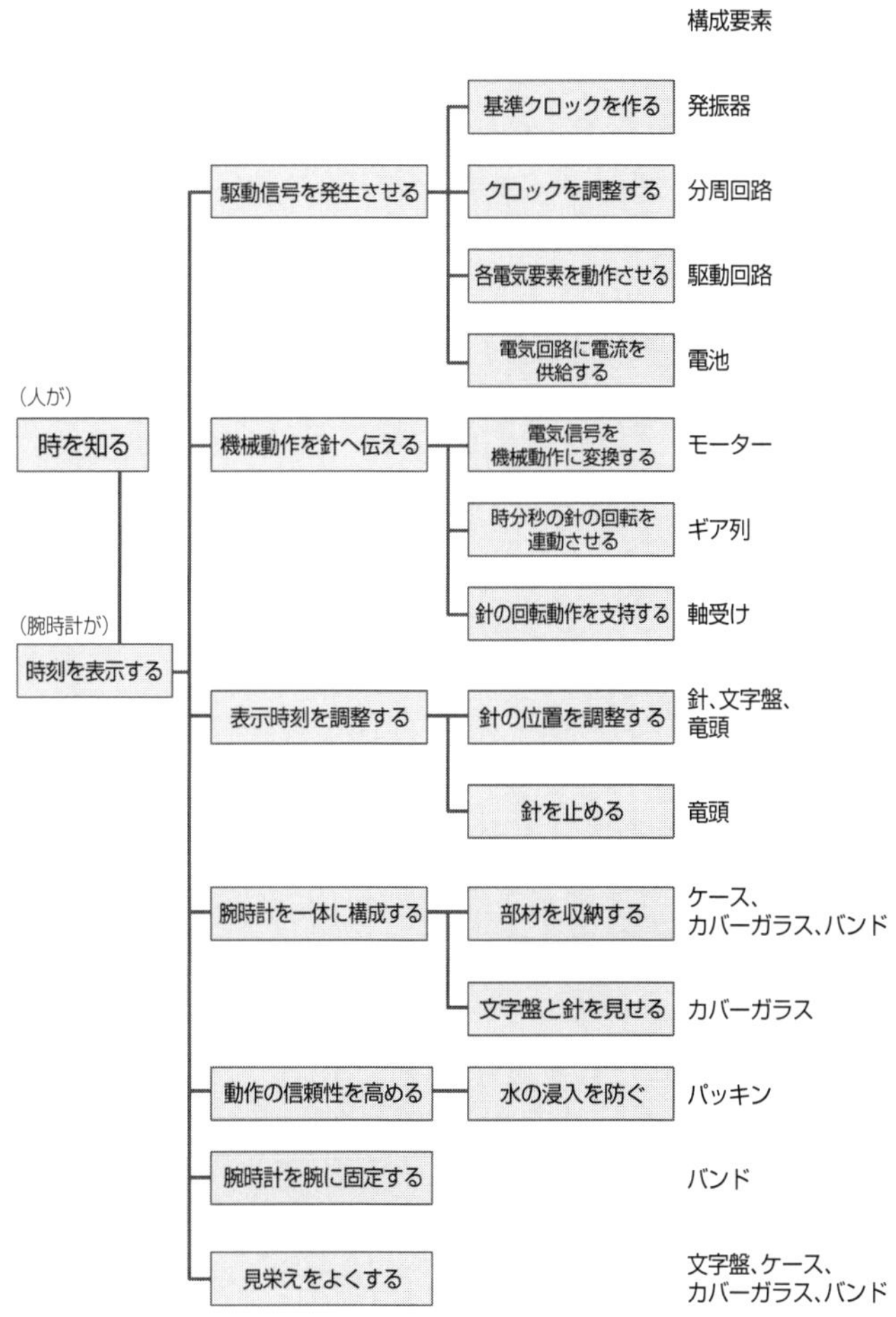

出典：「VEリーダーのための実践事例集」より

ことになる。

機能の整理を行なう過程で、目的が曖昧《あいまい》な機能や不要な機能の発見が可能となり、また新しいアイデアも生まれることとなる。

ステップ4　機能別コスト分析

ステップ3での機能の整理をすることで、個々の機能の相互関係が明確になり、関係の深い機能のまとまり単位（機能分野）が明らかになった。

次は定義した個々の機能を達成するために、現在どれだけのコストがかかっているのか、どの機能分野にどれだけのコストがかかっているのかをはっきりさせることになる。

もしこのコストがはっきりしないと、どれだけの改善ができるかを予測できないし、成果を評価することもできなくなってしまう。

ステップ5　機能の評価

VEにしろ、その他のプロジェクトにしろ、何かを実践するためには明確な目標が必要だ。目標のないままに「とにかくやってみよう」では、どこを目指して進めばよいかも分からなければ、たとえ成果を上げたとしても、その成果をどう評価していいかもはっきりしない。

そうならないために、機能別コストの分析結果に対し、その機能をいくらで達成すべきかという「あるべきコスト」をあらかじめ設定することとなる。そのための予測が機能の評価である。

「この機能は本来いくらであるべきか」が発想のスタートとなるが、ここで大切なのはベンチマーキングという姿勢を持ち続けることだ。

いすゞ自動車の場合、自社が購入、もしくは製造しているモノと、一〇〇円ショップで売っているモノを比較することがあるという。たとえば自分たちが使っている道具が五〇〇円であるとして、ほぼ同じ機能を備えたモノを一〇〇円ショップで売っているとする。単純に一〇〇円ショップで買えばいいということではない。「価格の違いはなぜ生じたのか」「なぜ一〇〇円でつくれるのか」といったことを検討しながらＶＥを進めている。

「あるべきコスト」の算出は簡単ではないし、より安いモノと比較すればいいというものでもないが、原材料費が高騰するなか、「あるべきコスト」をいくらに設定するかは競争力を維持していくうえで、とても重要になってくる。

ステップ6　対象分野の選定

仕事というのは何でもそうだが、「何から先にやるか」という優先順位の決め方が重要になってくる。これを間違えると大切な仕事が後回しになったり、思わぬ時間がかかって、周囲に迷惑をかけるという事態を招きかねない。VE活動においても、限られた時間のなかで確実な成果を上げていくためには、どの分野に着目し、どんな順位で進めていくかを決めることが大切になる。

機能の評価の結果、果たすべき機能についての「機能評価値」が求められたら、次はどの機能を改善の対象とするのか、どんな順位で改善活動を進めていくのかを決めることになる。ここでは各機能分野の「現行コスト」と「機能評価値」の比率と差の大小によって判断するが、機能上の問題点や改善の要求を加味することも必要となる。

ステップ7　アイデア発想

VE活動の目的は、従来のものを超えるアイデアを考え実行することにある。ここまでのステップはこのアイデアを考え出すための準備であり、どれだけ多くのアイデアを出すことができるか、どれだけ価値あるアイデアを考え出すことができるかにかかっていた。

とはいえ既にあるモノ、十分に機能しているモノを前にして、「もっといいモノは」と考えるのはそれほど簡単なことではない。アイデアを出すためには、「こうすればいい」と「これはやってはならない」の二通りの考え方がある。ポイントは次の通りだ。

①「モノ」を離れて、機能から発想する

モノを見ながらアイデアを出そうとすると、どうしても小さな改良が中心になり、思い切ったアイデアが出にくくなってしまう。一つの目的に対し、それを達成する手段はいくらでもある。モノが持つ「機能」を手がかりに発想を広げることが大切になる。

②量へのこだわり

いきなりすぐれたアイデアを出そうと思っても、人はそれほど簡単にいいアイデアを思いつくわけではない。大きなアイデア、突飛なアイデアというのは人を驚かすことはできても案外役に立たないことも多い。

まずはすべての機能について、一〇個でも二〇個でも思いつくままにアイデアを出す。ここでは一人の力に頼らず、たくさんの人の知恵を借りることも大切になる。

アイデア出しの際、人によっては「こんなアイデアを出しても実現は難しいなあ」とか

「このアイデアだと要求水準を満たせないかもしれないなあ」と自分で判断してしまい、アイデアを口にすること自体、諦めてしまう人がいる。しかし、ここではあれこれ判断するよりも、まず自由に発想することを優先し、できるだけたくさんのアイデアを出しておくことが大切だ。そうしておかないと、あとになってアイデアを追加することは難しくなる。

③批判は後回しにしろ

誰かのアイデアに対し、逐一《ちくいち》「そんなのは使えないよ」「もっとましなことを考えろよ」などと批判していては、誰もアイデアなど考えようという気持ちにはならない。批判は後回しにして、まずはみんなが自由にアイデアを出すこと、そのアイデアを受けてもっといいアイデアを出すことに専念する。

アイデア出しのときの「ＮＧワード」と「ＯＫワード」は図表11の通りだ。

④執念を持て

セコムの創業者・飯田亮氏によると、セコムという企業の競争力の源は、「五分余計に考える」ことにあるという。いいアイデアが出て、「これでいこう」と思っても、そこから「これでいいのか」「問題はないのか」と、あと五分余計に考える習慣があるという。

図表11 ● アイデア出しのNGワードとOKワード

NGワード	OKワード
「ダメ・無理・不可能」	「なるほど、いいね。考えつかなかったなぁ」
「分かるけどさぁ、こういう問題どうすんの」	「こうすればもっとよくなるね」
「前にやったことあるよ」	「よし、やってみよう」
「やり尽くした、限界だ」	「新しい方法は必ずある」
「今の方法がベストだね」	

出典：「VEリーダーのための実践事例集」より

もちろん決断を引き延ばすということではない。この「あと五分」という考える習慣、執念を持って考えることがいいアイデアを生み、今日のセコムを築いたというわけだ。

アイデアがいくつか出て、「もうこれ以上は無理だろう」と思っても諦めずに執念を持ってあと少し考える。それがまた新たなアイデアへとつながることになる。

ステップ8　概略評価

ステップ７で、たくさんのアイデアが生まれてくる。ＶＥに関わる人たちも、考えること、知恵を出すことの楽しさを実感することができる場でもある。

しかし、現実にはそのままでは実用に供さない。もちろん、たくさんあるアイデアすべてを実現できるわけでもない。次のステップでは、こうして集められたたくさんのアイデアの一つひとつについて、コストの面、技術の面などから今回の目的に相応《ふさわ》しいものは何かを検討していくことになる。

ただし、この段階では、それほど厳密にふるいわけをする必要はない。現在のものに比べ、技術的にいいか、悪いか、同じくらいか程度で十分だし、コスト的にも安くなるのか、高くなるのか、同じくらいかが大体つかめればそれで十分だ。

また、ここではアイデアを捨てることよりも、生かすことを重視したほうがいい。現段階では問題があるとしても、そうした問題が解決できれば、素晴らしいアイデアに育つものもあるだけに、興味深いもの、可能性を感じるものは残す方向で検討するといい。

ステップ9　具体化

ステップ8の概略評価を経て、当初たくさんあったアイデアは、かなり少ない数にまで絞り込まれたはずだ。そうしたアイデアのなかにはそのまま提案につながるレベルのものもあるだろうが、なかにはもう少し手を加えなければならないものや、いくつかのアイデアを組み合わせて整合性をとることで、初めて使えるアイデアへと変わるものもある。

これが「具体化」であり、この段階がうまくいくかどうかで、一人ひとりの小さなアイデアを生かすことができるかどうかが決まることになる。

トヨタ式改善でよく言われることだが、大きなアイデアや突飛なアイデアよりも、現場に密着した、現場の人たちが考えた小さな改善案のほうがはるかに効果は大きい。そのためにはそうした小さな改善案をもとに、さらに組み合わせ、より効果的な改善案に育てる管理職の力量がとても大切になる。

いくつものアイデアを組み合わせて、より効果の高いものにするという点で、ＶＥ活動の場合も同様だ。小さなアイデアを大切にする気持ちと、それらをうまく組み合わせる総合力の両方が求められることになる。

ステップ10　詳細評価

ステップを踏みながら進めてきたＶＥの成果を、提案書としてまとめるのがこの段階だ。ここでは概略評価ではなく、「どれだけ安くなるか」「どれだけよくなるか」をきちんと数字で示すことが必要であり、技術的、経済的な裏づけもつけて、「なるほど、それならやってみよう」という最終評価者の納得を得ることが求められる。

そのためには詳細なコストの見積りも必要になるし、ときにはモデル実験を行なうことも必要になる。また、その過程で不十分な点や不具合に気づいた場合には、ただちにさらなる改善を加えることで、真に価値ある案にすることも必要となる。

以上がVEを進めていくにあたってのプロセスである。こうしたステップを一つひとつ実践することで、VEに対する理解は確実に深まり、期待通りの成果を上げることができるようになる。

ここで大切なのは、VEは単に知識として覚えるだけではダメで、実際の現場で実践することで初めて自分のものとなり、成果を上げることができる、ということだ。

まずは小さなものでいいから実際にVEを実践してみよう。手順ややり方に慣れないため、最初は戸惑ったり、面倒だと感じるかもしれない。しかし、そうした経験を積み、場数を踏むことでスムーズにできるようになり、またそこに自分なりの工夫も凝らすことができるようになる。

最初は小さな一歩からスタートをする。それをコツコツと続けることでVEマインドのある人財が育ち、VEは風土へと変わる。第5章で紹介する先進企業も、スタートはそんな一歩から始まっている。

第二節――組織の壁を超えてこそVEは成功する

■チーム・デザインを考える

VE活動を進めるうえで忘れてならないのが、VEは「チーム・デザイン」の活動である、ということだ。今日、企業が取り組むべき課題は、かつてとは比べものにならないほど大きく、かつ複雑なものになっている。

そうした課題に対処するためには、狭い専門性に閉じこもっていては不可能である。組織の壁を超え、それぞれの専門家が力を合わせること、いわば全社の力の結集があって初めて課題の解決が可能となる。

これは製品開発においても同様だ。多岐にわたる専門知識が求められ、ソフトとハードの融合が求められる時代、かつての事業部の壁、組織の壁にこだわっているようでは競争力のある製品など生まれるはずもない。

アップルが世に出したiＰｏｄは、「二一世紀のウォークマン」とも呼ばれているが、iＰｏｄを構成する部品の大半は日本製だと言われている。日本のメーカーに言わせると、「日本が部品をつくらなければiＰｏｄはできなかった」となるが、一方で日本企業はそれだけのすぐれた部品をつくる力を持ちながら、iＰｏｄを自らの力ではつくることができなかったとも言える。

iＰｏｄのすごさは、製品としての質、すぐれたデザイン性とともに、世界の五大レーベルを巻き込んで本格的な有料の音楽配信を初めて可能にしたというソフト面にある。製品の優劣がこうした多岐にわたる技術の集合、ハードだけでなくソフトの優秀さも求められるのだ。商品開発はもちろん、ＶＥ活動においても、組織の壁を超えたチームワーク、総合力の結集が求められるのは当然のことと言える。

幸いにしてＶＥは当初よりチーム・デザイン活動という考え方があるが、これからの時代、こうしたチーム活動をより一層強化していくことが求められている。

■何が活動を阻害するのか

ＶＥ活動が成果を上げるためには、すぐれた専門知識を持ったメンバーを選定し、言わば組織に横串を刺したプロジェクトチームをつくりあげることが必要だ。しかし、メンバーさえ集まれば自然と成果が上がるのかと言うと、もちろんそんなことはない。チーム活動を阻害する要因は案外と多い。いくつか事例を挙げていくことにする。

①プロジェクトが思うように進まない。プロジェクトメンバーの多くは兼務であり、どうしても主たる業務を優先するため、プロジェクトへの参加やプロジェクトに関わる業務が後回しになってしまう。

②各部門の専門知識を持ったメンバーは選定したものの、商品全体を見る、部門の壁を超えてものを見るという視点が欠けている。そのため、結局は各部門の利害が対立してプロジェクトが進まなくなる。

③うまくコミュニケーションがとれない。それぞれのメンバーは、各部門から選任された、言わば寄せ集め集団であり、日頃一緒に仕事をした経験がなく、メンバー同士がどこかぎくしゃくした感じである。結局、プロジェクトが進まなくなる。

④メンバーの上司に、ＶＥ活動に対する理解が不足している。上司は、ＶＥ活動よりも主業務を優先させる傾向があり、各メンバーがＶＥ活動で上げた成果への評価を行なわない。そのため、参加メンバーのモチベーションが著しく低下、プロジェクトの推

進に支障をきたすようになる。

⑤リーダーの力量が不足している、あるいは自己中心的なプロジェクト運営を行なったため、他のメンバーの意見集約がうまくいかない。また相互の信頼関係が不足しているため、全員の力を結集することができないままプロジェクトを進めることになる。

⑥ＶＥ活動に対する上司やトップの理解や熱意が不足している。プロジェクトは立ち上げたものの、その後のフォローが欠けていたため、メンバーの熱意、モチベーションも徐々に低下していき、最後は結論がはっきりしないままに終わってしまう。

■チーム活動を機能させよう

今まで見てきたように、「プロジェクトは立ち上げたものの、結局は頓挫《とんざ》する」という悲哀を味わった人は案外多いのではないだろうか。ＶＥ活動はチーム活動であり、プロジェクトチームがうまく機能しないことには、期待通りの成果を上げることは難しい。

とはいえ、普段から組織の壁のなかで仕事をしているとすれば、いくら横串を刺し、各部門のメンバーが一堂に会したところで、自由な議論などできるはずもない。チーム活動を機能させるためには、日頃から組織の壁、心の壁を取り除くべく、土壌を醸成しておくことがとても大切になる。

たとえばトヨタ式をベースとする生産改革を推進する場合、やはり改善プロジェクトチームを立ち上げる。大手企業の場合、すべての部門から選んだ十数名態勢が理想で、推進室長にはナンバーツーをあてるとスムーズに進みやすい。

一方、社員数が一〇〇名くらいの企業の場合、メンバーは専任の二～三名で十分だが、この場合は社長自らが率先して推進にあたる必要がある。

トヨタ式の場合、つくり方だけでなく、ものの見方や考え方、行動の仕方の転換も必要となるため、こうした横串のメンバー＋トップの率先垂範となる。ＶＥ活動の場合、ここまでの取り組みは必要ないとしても、横串型のプロジェクト推進には、トップの理解と熱意が欠かせない点では共通している。

従来の延長線上の活動であれば、トップが率先垂範する必要はない。しかし、ＶＥのように画期的なコストダウン、画期的な機能向上を目指そうとする場合、トップや上司に現状を打破しようという強い気持ちがないと不可能だ。

だからこそトップは、「ＶＥをやれ」と指示するだけではなく、ＶＥの進展、ＶＥの成果に強い関心を持ち続けることが必要になる。これは、改善の報酬という点で言われることだが、アメリカ型の報酬が金銭の多寡であるのに対し、トヨタ型改善の報酬は、上司が「よく聞き」「認める」ことにあるという。VE活動がうまく機能するかどうかは、上司の関心の高さと、「褒める」「認める」という行為の有無で決まってくる。

トヨタという会社で、改善活動が活発な理由の一つは、組織の風通しのよさにある。もちろん、組織の壁がまったくないと言うつもりはないが、それでもインフォーマルに組織された「タテ・ヨコ・ナナメのネットワーク」が張り巡らされている。

また、運動会や駅伝大会といったプライベートに近い行事もかなりあり、組織や年齢、役職を離れた独自の人間関係が育まれることとなる。そこから「トヨタほどお互いに顔見知りの多い大企業はない」という風土が生まれ、こうした風土が改善活動を進めるうえで大いに役に立つこととなる。

VE活動を活発化するためには、単に技術的な条件を整えるだけではなく、全員で知恵を出し合い、お互いに協力し合うという風土の醸成が欠かせない。もしトップがVE活動の活発化を望み、「どうしてうちの会社ではVEが盛んではないのだろう」と嘆くなら、まずは自分が積極的にVEに関わっていくこと、そしてみんなで知恵を出し合い、みんなで協力し合うという風土をどうすればつくることができるかを、真剣に考えてみることだ。

VEプロジェクトが推進できる会社かどうかは、言わば組織の風通しのよさを測る尺度でもある。

協力会社の知恵も大切にする

「みんなの知恵と力」に関して忘れてはならないのは、販売会社、サービス会社などの協力会社もVEの輪に組み込んでいくということだ。

原価低減というと、つい協力会社に対して、「仕入れ価格を下げてくれ」と無茶な要求をして、言わば協力会社の利益を収奪する形で原価を引き下げようとする企業がある。

しかし今の時代、そうしたやり方を繰り返すだけでは原価は下がらないし、結局は協力会社自身が弱体化して、最後は自分の企業も困ることになる。

では、トヨタ自動車はなぜグループ企業や協力会社に対してトヨタ式の普及・定着をはかろうと努力したのだろうか。それは、自動車はトヨタのみが努力しただけではダメで、部品を供給してくれるグループ企業や協力会社も成長し、強くなってくれないとよい車ができないからだ。

「いいモノを、より早く、より安く」つくるためには、グループの総力をあげての取り組みが欠かせない。だからこそ人を派遣し、ときに資金を提供してでも強い体質づくりの手助けをする。

今でもトヨタ式を実践している企業のなかには、協力会社に人を派遣して、生産改革のお手伝いをしながら、改善力のある会社づくりに努めているところが少なくない。取引先に改善力のある会社が増えれば、その分だけ自社が強くなれることを知っているからだ。

VEにも同じことが言える。自社がVEに力を入れるのは当然のこととして、取引先や協力会社に対してもVEの普及、VE力のある会社づくりに努力する。そうすることで自社のVEは一段と強くなることができるし、それだけたくさんのアイデア、たくさんの知恵が集まってくることになる。

VEはみんなの知恵と力をどれだけ結集できるかで決まる。社内の知恵と力はもちろんのこと、社外の知恵や力を結集することもVEの進展にはとても大切なことだ。

次章で紹介するVE導入企業（組織）五社の事例は、まさにこうした内外の知恵を集めて成果を上げた好例といえよう。すべて、マイルズ賞を受賞しているのも偶然ではない。現場ならではの、熱意と想いを感じとっていただければと思う。

第5章

コストダウンのヒントは現場にある

第一節――最適な方法を、繰り返し探り続ける――フジタ

■マンション建替えで直面した諸問題

ゼネコンを取り巻く環境は厳しいものがある。公共事業費の削減が進む一方で、民間工事の競争は一段と激しくなり、工期の短縮や工事費の削減が求められている。にもかかわらず、耐震偽装の問題が起きて以降、建築確認などには一段と厳格さが求められ、そのための時間も要するようになっている。まさにVEが目指す、高い機能のものをいかに安いコストでつくるかを実現しないことには、企業としての成長が望めないというのが今日の建設会社、ゼネコンを取り巻く環境といえる。

ゼネコン大手のフジタが、VEを初めて採用したのは一九六八年、第三次五カ年計画を策定したときである。以後、着実にVEに取り組み続け、その歴史は今年でちょうど四〇年になる。

五カ年計画に組み込まれていることからも分かるように、同社のVEは経営方針とリンクしたものであり、全部署で展開している。同社のVEが他の会社と著しく異なるのは、VEを行なう対象が主に建設現場であり、その現場は、工事ごとにまるで違う条件でVEを展開する必要があるという点だ。

同社が進めていた現場の一つに「千葉県稲毛台住宅建替え」がある。この場所にはもともと一九五五年、当時の日本住宅公団が初めて分譲した稲毛台住宅（旧・稲毛団地）が建っていた。この建物が老朽化し、住民からの建替え要求が強まるなかで、二〇〇二年に「マンションの建替えの円滑化等に関する法律」が施行され、同住宅が千葉県の第一号案件として事業認可を受けることとなった。

この建物と同社の縁は深い。今から五三年前にこの建物を施工したのも同社であり、同社社員にとっては、先輩が建てた五〇年以上前の建物を建替えることになるというのは、不思議な縁というほかはない。

以前の建物は一〇棟二四〇戸から成っていたが、新しく建てる建物は、四階建て五棟二四九戸のマンションとなる。施工の難しさは、地面から五〇センチほど建物を低くする工夫をしていることからもよく分かる。第一種低層住居専用地域であることから、高さ一二メートルという制限があるのだ。

当然、防水処理には万全を期す必要がある。また、建物に最上階までの光庭をつくるという工夫もしており、それも手間のかかる工事の原因にもなっている。

さらに、建物のある地域は、現在は高級住宅街となっており、その分、近隣協定によって工事の進め方にはいくつもの制約が設けられた。たとえば作業所の敷地への車両の出入り口は一カ所しかとれないうえ、大型車両は午前九時以降でないと作業所に入ることができない。

このように、稲毛台住宅の施工計画には他の現場とは違う苦労が求められた。同社のVEは、こうしたそれぞれに異なる条件を持った作業現場で進められている。

作業所におけるVE活動の進め方

VE活動というと、どちらかといえば生産現場ではなく設計や開発段階で行なわれることが多い。設計や開発段階で徹底的にVEを行ない、生産現場はその図面通りにつくってくれればそれでよい、という考え方をする企業も少なくない。

それは建設会社でも同様であり、たとえばフジタがJV（ジョイント・ベンチャー）で他

図表12 ● 作業所におけるVE活動の工程

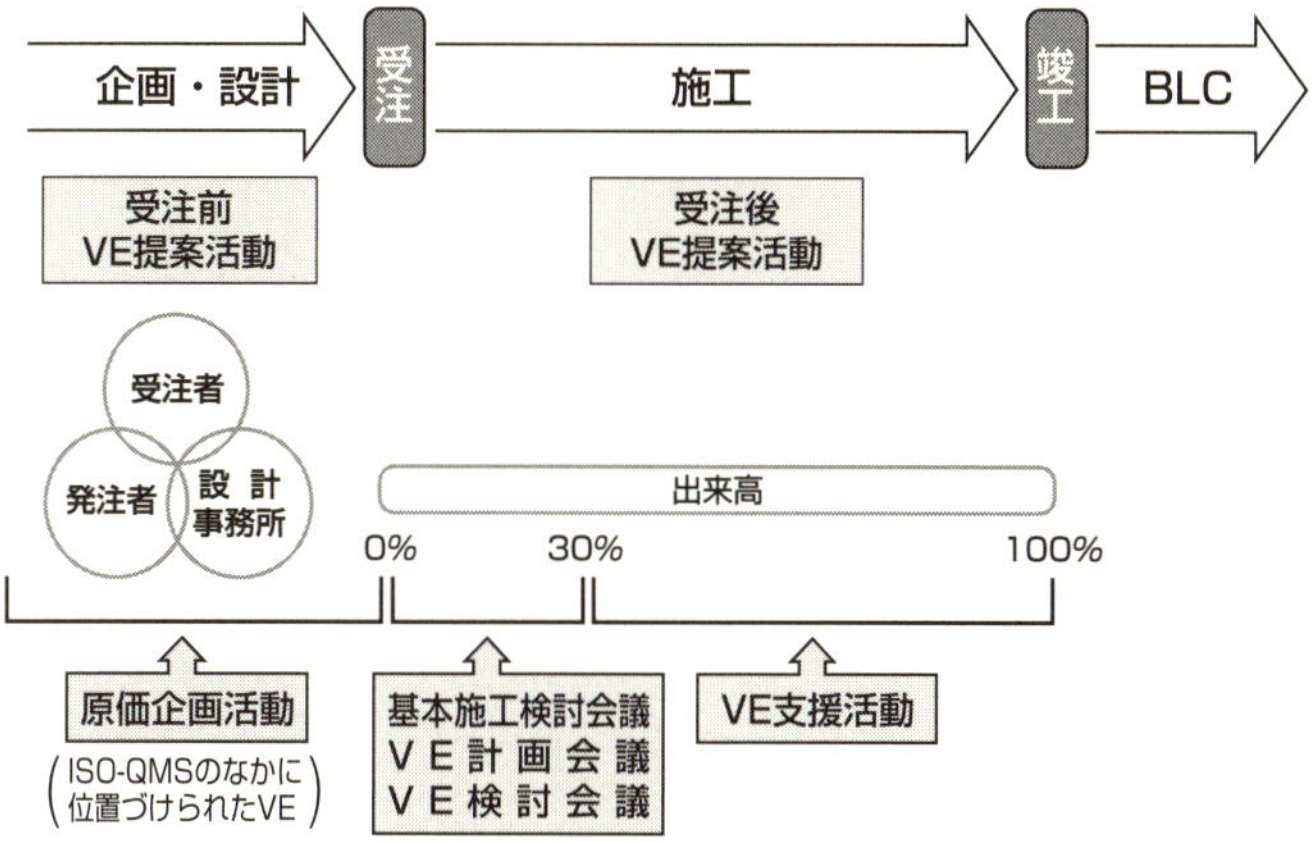

出典：フジタ資料より

図表13 ● VE効果が上がる施工曲線

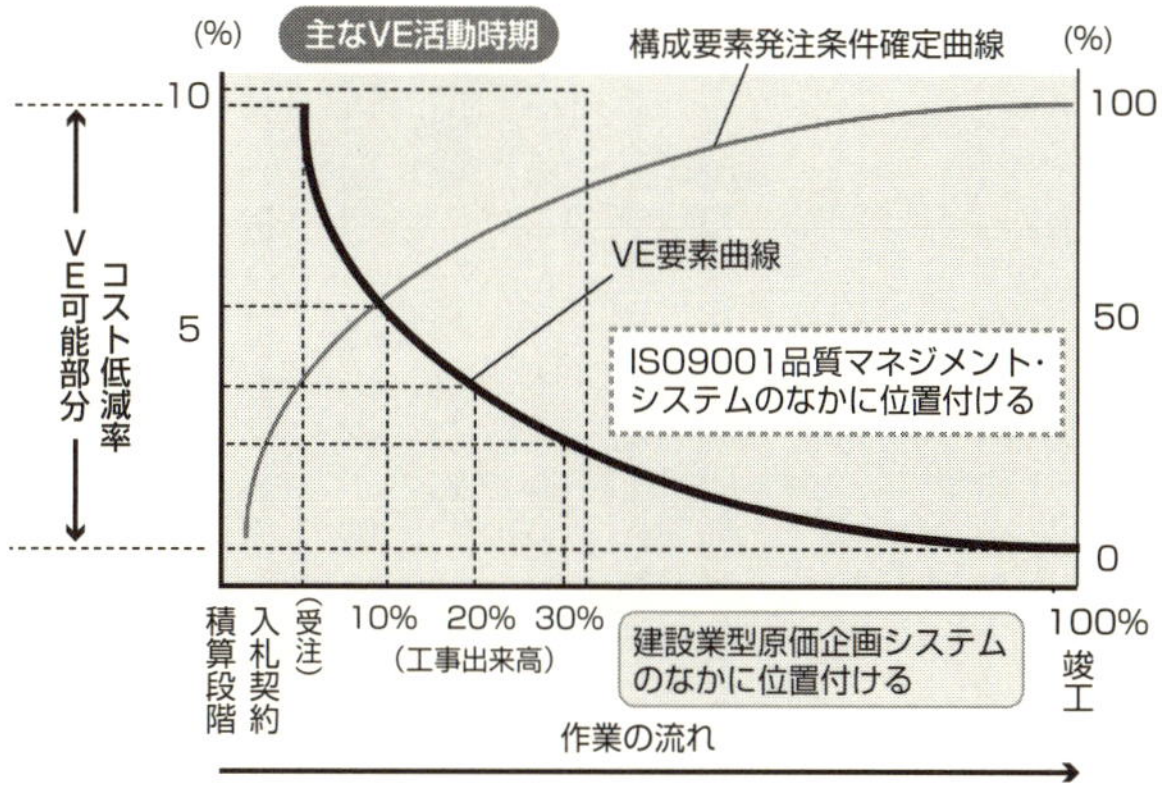

出典：フジタ資料より

社と組んだ場合など、他社が「図面通りにつくるのが仕事」と考えているのに対し、同社の場合は「お客さまが満足できる価値ある建設物を提供するために、いかにして知恵を使い工夫をするか」を基本姿勢にしている。

ところで、建設工事というのは実際の施工に入り、工事が進めば進むほどVEのできる余地が狭くなってくる。いったん確定した図面を変更する場合、施主の了解を得る難しさもさることながら、耐震偽装問題以降、建築確認作業が煩雑《はんざつ》になったため、できるだけ早い段階でVEに着手しないことには期待通りの成果を上げることが困難だ。

一つの目安として、工事出来高が三〇%を超えると、VEを実施するのが難しくなる。同社のVEは、工事を受注する前のVE提案活動と、受注後のVE提案活動で構成されており、受注までを含めて、いかに早くVE活動を立ち上げ、提案を行ない、実行に移すかがカギを握っていると言える。

その際、同社が重視しているのは、時間との勝負のなかで、どれだけよいアイデアを出すことができるか、そしてそれをどれだけ実行に移せるかである。

そのために同社が活用しているのが「VE着眼点チェックシート」(図表14参照)。情報のインプットとアウトプットを素早く行なうことで、「やれるんだったらやれ」という実行

図表14　VE着眼点チェックシート

1．仮設工事　a. 共通仮設工事

No	着眼点	品質 Q	コスト C	工程 D	安全 S	環境 E	留意事項および効果	CK	着眼点の主な機能
仮設道路									
1	重機、搬入車を小型化し、幅員を狭くする	—	○	○	—	—	場内が広い場合		道路幅を狭くする
2	搬入材料を分割して幅員を狭くする	—	○	○	—	—	場内が広い場合		道路幅を狭くする
3	積載方法を変えて幅員を狭くする	○	○	○	—	—	場内が広い場合		道路幅を狭くする
4	出入り口部分と通路部分の幅員を変える	—	○	○	○	—	場内が広い場合		必要な幅員を確保する
5	行き違う場所を決めて全体の幅員を狭くする	—	○	○	—	○	場内が広い場合		道路幅を狭くする
6	揚重機を2基以上設置する場合、揚重機の大小により幅員を変える	—	○	○	○	○			必要な幅員を確保する
7	出入り口の数を変えて延長を短くする	—	○	○	—	—			道路の長さを短くする
8	揚重機の位置を変えて延長を短くする	—	○	○	—	○			道路の長さを短くする
9	揚重機の数を変えて延長を短くする	—	○	○	—	○			道路の長さを短くする
10	材料置場の加工場位置を検討し、延長を短くする	—	○	○	—	○			道路の長さを短くする
11	重機、搬入車を検討して路盤の厚さを決める	—	○	○	—	○			最小限の路盤厚さを決める
12	仮設道路は竣工時に撤去しなくてもよいようにする	—	○	○	—	○			撤去手間を省く
13	路盤材料の値段は運賃で決まるので近場の材料を探す	—	○	○	—	○			安価な材料を確保する
14	重機、搬入車を小型化して路盤の厚さを薄くする	—	○	—	—	○			最小限の路盤厚さを決める
15	搬入材料を分割して厚さを薄くする	—	○	×	—	○			最小限の路盤厚さを決める
16	表土を鋤取って地山のまま利用する	—	○	○	○	○			仮設道路の手間を簡素化する
17	揚重機を2基以上設置する場合、揚重機の大小により路盤厚を変える	—	○	—	—	—			最小限の路盤厚さを決める

出典：フジタ資料より

の姿勢を強く打ち出す。

ＶＥ活動で大切なのは、限られた時間のなかでたくさんのアイデア、それもできれば使えるアイデアをたくさん出すことであるが、人間というのは現実に、そう多くのアイデアがわき出るわけではないし、いつも凄い発想がひらめいているわけではない。

だからこそ同社は「ＶＥ着眼点チェックシート」などサポートツールを充実させることで、メンバーがより幅広いアイデアを出せる環境を整えている。

まして同社の仕事は、安全や品質という支えがあってこそ成立する。最近では環境も重視する必要がある。そのため、いくら「自由にアイデアを出せ」と言っても、そのアイデアがたとえコスト低減に役立ったとしても、品質や安全、環境の問題を引き起こすようでは採用は難しい。

そこで、たとえば仮設道路のつくり方に関して、いくつもの「こうしたらどうだろう」という着眼点を一覧にして、それぞれに「品質・コスト・工程・安全・環境」の視点で見るとどうなのかが、ある程度チェックできるようになっている。

アイデアを出すためには、それなりの準備、それなりの環境づくりが欠かせない。同社の場合、こうしたツールを用意することで、メンバーのアイデア出しをバックアップして

図表15 VE活動の流れ

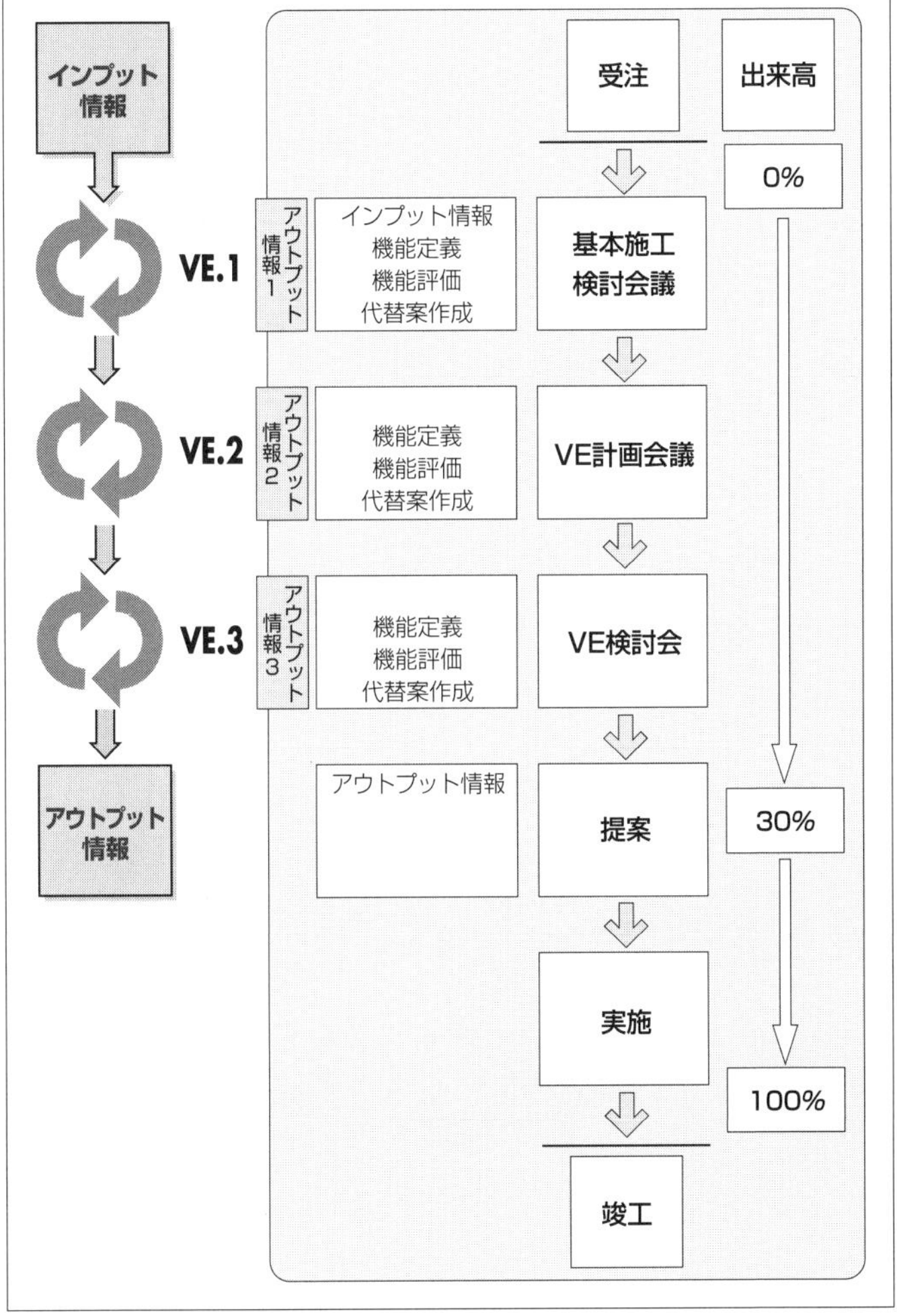

出典：フジタ資料より

いる。アイデアを出し、実行できることからどんどんやっていく。そうすることで初めてVEは定着することとなる。

同社がVEを進めるうえで、もう一つ大切にしているのが、「現場現物現実」という現場重視の考え方だ。

最初に触れたように、建設現場というのは、二つとして同じところがないと言っていいほど条件が異なっている。当然、情報として頭では分かっているが、やはり現場に行って実際に見ないことには現場の特有情報というのは分からない。

関係部署の人間が一五〜一六名現場に集まり、みんなで現場をチェックし、現場でVEについてアイデアを出し合う。事前の準備は労力もかかる。多人数がスケジュールを合わせるのも容易ではない。しかし、実際に試してみると、実に効果的で有意義なワークショップとなる。

やはりVEを効果的に進めるためには、現場をしっかりと自分たちの目で見ることは大切だ。メールなどのやりとりでお茶を濁すことをせず、みんなが一堂に会し、お互いの顔を見ながら議論をすることで、初めて見えてくることもあるし、意見を交換してさらなるアイデアが生まれてくることもある。

■「価値創造できる人間」を育てる

作業所でのＶＥはなかなか大変だ。図面通りに施工すれば余計な苦労など必要はない。しかし、同社がここまで作業所でのＶＥにこだわるのには理由がある。

利益の源泉がＶＥにあるというのも、もちろん理由の一つだ。しかし、こうした現場のＶＥを通して、人が育ち、「変えていこう」という前向きな風土が育まれ、作業をともにする協力会社にも、ＶＥの考え方を共有できるという大きなメリットがあるのである。

図面通り、指示通りの仕事はもちろん大切なのだが、それだけでは「考える人」は育たない。同社はＶＥで価値ある建設物をつくるために、「変更しよう」「変えていこう」という風土をつくり、「変化を待ち構える人」「価値創造できる人」を育てようとしている。

一つの現場には、実にたくさんの協力会社が加わっている。フジタがＶＥを行なって、「ああしてください」「こうしてください」と指示することも大切だが、協力会社がＶＥ力を身につけ、フジタに対して「こうしたらもっと安くできますよ」「こうしたらもっとよいものができますよ」と提案をしてくれるようになれば、現場はさらに強くなる。力のある協力会社が育てば、それだけ同社の競争力も高まることになる。

同社のＶＥ担当者が、「うちからＶＥを取ったら現場が止まる」「ＶＥをやらないとうちじゃない」と力強く語っていたが、何かやるたびに「もっとよい方法は」と自らに問いかける風土こそ、同社の成長を支え、競争力の源となっている。

第二節――ライフサイクルコストから考える――いすゞ自動車

トラックという特殊事情

いすゞ自動車は伝統ある自動車メーカーであり、日本を代表するトラックメーカーでもある。自動車をつくるという点ではトヨタ自動車と共通する部分もあるが、トラックというのは乗用車以上に多品種少量生産である。モノによっては注文生産に近いつくり方が求められるので、乗用車とは違ったコストダウンのやり方が必要になる。

しかもトラックは、五年間ほど乗ると、買うときとほぼ同じくらいのランニングコストがかかるようになる。そうしたことからも、「いかに安くつくるか」に加えて、「いかにランニングコストを安く抑えるか」といった視点も必要になる。

もちろん安全や環境についても十分な配慮が必要となる。トラックと乗用車が衝突した場合、トラックの運転手の安全ももちろんだが、相手の車に乗車している人の安全をいかに確保するかもとても重要になる。排ガスや騒音といったことに関しても、トラックには乗用車以上に厳しい視線が注がれている。

こうしたトラック業界が抱える課題に対して、いすゞがVE活動をどのように展開し、どのように課題を克服しようとしているのかを見ていくことにする。

同社のVE導入は早い。一九五九年、サプライヤーからの提案制度としてスタートしている。トラックの場合、購入する材料費が原価に占める比率は高く、現在でも七〇％にのぼっている。

したがって、購入部品中心のVEが求められるのは当然のことであり、八七年にはVEを軸にして年間一五〇億円の原価低減を達成している。この時期まではハードを対象とするVEを展開していたが、九七年にマイルズ賞を受賞した頃から、ハードに加えソフト分野にもVE活動を拡大し始めている。

年とともに拡大してきたVE活動の総力を結集し、開発されたのが、新型エルフ、新型フォワードだ。年々厳しさが増す環境性能を高いレベルで実現し、なおかつすぐれた経済性を達成している。

環境性能に問題があるようだと、日本はもちろんヨーロッパ市場などで受け入れられることはない。

とはいえ、いくら環境性能がすぐれていても、販売価格が高過ぎたり、他のトラックに比べてランニングコストがかかるようだと、ビジネスとしては成り立たない。

環境性能と経済性、それも販売価格だけでなくランニングコストを含めた経済性を、かつてないほどの高いレベルで実現するためにはどうすればよいか。そのための手法として同社が全面的に活用したのが、ほぼ五〇年近くにわたって続けてきたVEだったのである。

VE概念の範囲を拡大する

新型フォワード、新型エルフの開発にあたり、同社が掲げたのは原価の二〇%低減だ。原価というのは低減目標をあまり低く抑えると、購入部品の仕入れ価格の引き下げといったやり方だけでそれなりの数字が達成できてしまうため、総合的な原価低減活動となりにくい。

それに対して、通常のやり方では簡単に達成できそうもない高い目標を掲げると、仕入れ価格の引き下げや設計のちょっとした見直し程度ではどうにもならない、設計や開発、

図表16● VE概念を範囲拡大した原価低減20%の基本施策

コモディティ活動（広義のVE）	共通化/モジュール設計	✓ キャブのモジュール設計 ✓ 基本コンポーネントの共通化
	ダウンサイジング/まとめ開発	✓ 高過給小排気量TC化によるエンジンのダウンサイジング ✓ エルフ用エンジンとタイピックアップ用エンジンのまとめ開発
	Base+Option	✓ 世界同一の要求部分〈Base〉+市場要求の部分〈Option〉
	調達	✓ グローバル部品調達の推進 ✓ ベンチマークによる最適コストレベルの追求
VE活動（狭義のVE）	ハードVE	✓ 機能・達成手段の最適化による価値の最大化
	ソフトVE	✓ 仕組みの改善による、発生費用の削減、利益の拡大
	テア・ダウン	✓ ライフサイクル視点での様々な切り口によるベンチマーク

出典：いすゞ資料より

モノのつくり方、また物流や販売など、すべてを一から見直すほどの姿勢で臨まないことには目標達成は難しい。こうした取り組みは社員のものの見方や考え方を変え、ときに企業の風土さえ変えていく力がある。

同社は「原価低減二〇%」という目標を達成するために、従来のVE概念の範囲を拡大することで、より幅の広いVE活動に取り組むことにした（図表16参照）。同社のVEは「ハードVE」「ソフトVE」「テア・ダウン」を中心に展開していたが、新型の開発にあたってはこうした「狭義のVE」に加え、「広義のVE」を展開したのである。

それが「共通化／モジュール設計」「ダウンサイジング／まとめ開発」「世界同一の要求

部分＋市場要求の部分」「調達」で、たとえばインスツルメントパネルなどは、従来の日本メーカーのつくり方にこだわらず、ヨーロッパメーカーの製造法を参考にすることでさらなる原価の低減を実現している。

部品調達に関してもサプライヤーとの協業調達をさらに推し進めた。

また「一番安くて一番品質のよいモノを」選択するために、グローバル調達を進める一方で、一つひとつの部品についても、「なぜこれだけの種類が必要なのか」「なぜこんなにも工程が多いのか」といった質問を繰り返し行ない、種類の多いものをまとめたり、小型化・軽量化による原価低減を実現していった。

いわば従来のつくり方、従来の常識にとらわれることなく、購買や開発、生産、原価企画などが総力を結集して、一からの見直しを行なったのが今回のいすゞのVEであり、その結果が当初目標として掲げた二〇％の原価低減につながることとなったのである。

ライフサイクルコストを大幅に下げる

今回のVEで、同社が新たに試みたのがライフサイクルコストの低減活動である。メンテナンスコストを、実に二二％も改善するという大きな成果を生み出すこととなった。

図表17●ライフサイクルコストの比較検討

評価項目に整備性や環境性などのランニングコスト要素を加えることにより、
ライフサイクルコストでの比較評価を行なった

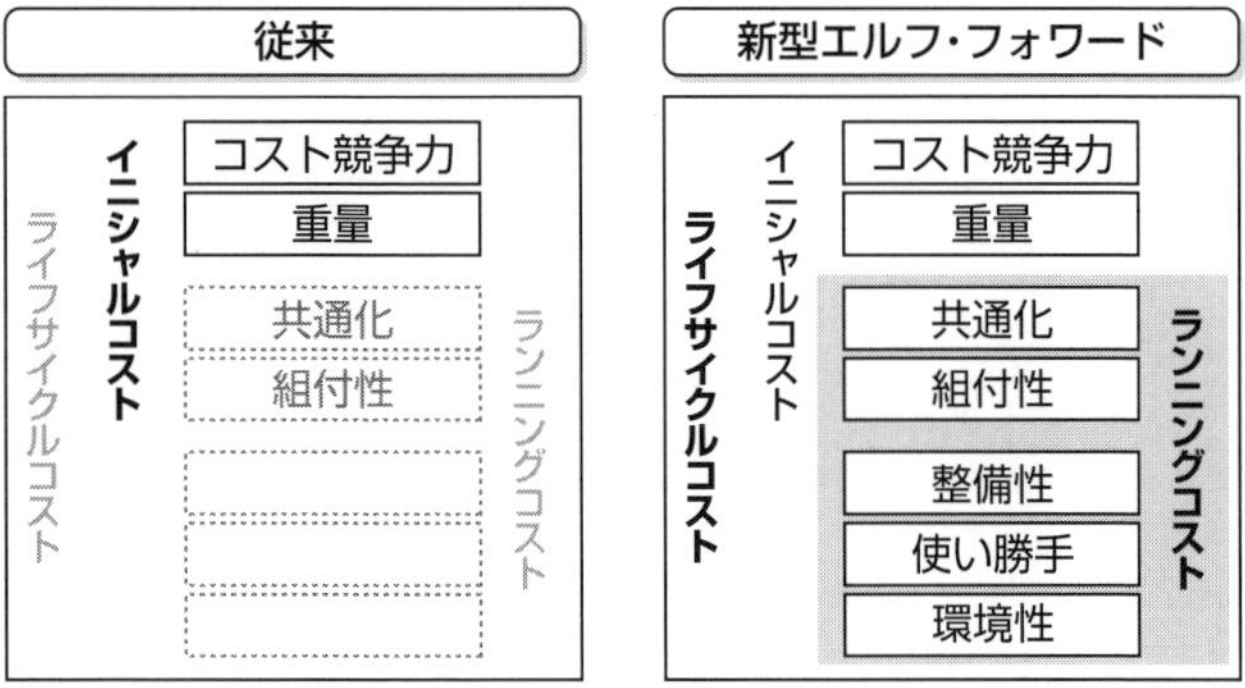

出典：いすゞ資料より

従来、同社は、「コスト競争力」や「重量」といったイニシャルコストだけでの比較を行なっていたが、今回は新たに「共通化」「組付性」「整備性」「使い勝手」「環境性」といったランニングコスト要素を評価項目に加えることで、ライフサイクルコストでの比較評価およびその低減を重視するようになった（図表17参照）。

最初にも書いたが、トラックの場合、五年乗った場合のランニングコストは、購入費と同じだけ発生すると言われている。トラックを購入する人にとって、これは大きな問題で、購入時の価格が多少割高だとしても、ランニングコストを安く抑えることができれば、ライフサイクルという視点で見ればかえ

図表18 整備性を分析する

日常点検、定期点検/交換、消耗品交換の視点から、比較対象各車の評価を行ない、最もすぐれたものをベンチマークとして、新型の構想に提案した

カテゴリ	ポイント	主要アイテム	A車	B車	C車
日常点検	確認の容易化	Brake液量	3	1	1
		Eng Oil量	2	1	2
		Belt	2	1	3
		Battery液量	3	1	2
定期点検/交換	点検箇所の削減	Fan Belt（1本化）	2	1	2
	アプローチ性の改善	A/Cチャージ	2	2	1
		Valve/Clearance調整	2	1	2
		Bulb交換	3	1	2
整備費用	整備単価×頻度	Eng.Oil&Element	1	2	3
		冷却水	1	2	3
		燃料フィルター	3	2	1
		Mission&Diff Oil	2	1	3

出典：いすゞ資料より

図表19 環境性を分析する

リサイクルのしやすさ、有害物質の使用状況の面から、今までの車と競合車を相対評価し、競合車の優位点を新型の構想に提案した

調査項目		A車 判定	A車 コメント	B車 判定	B車 コメント	C車 判定	C車 コメント
不純物の除去が容易な構造		2	Screw止めが多い	2	ドアガラス除去作業性良好	1	インパネカバーの除去作業性良好
適正処理の回収率・作業性		3	バッテリー取り外し作業難	1	ENGにLLCのドレン有バッテリクランプ良好	2	フロンのバブルがバンパ裏、下向きに設置
リユースが容易な構造		2	ラジエター等作業性悪い部品多	3	ドアヒンジ部分クリアランス大。作業性良好。	1	ENG周囲スペース大。作業性良好。
有害物質	鉛、鉛化合物	2	630g	2	630g	1	437g
	六価クロム	1	車両あたり最大2g	1	車両あたり最大2g	1	車両あたり最大2g
	水銀	1	電球/計器表示板	1	電球/計器表示板	1	電球/計器表示板
	カドミウム	1	ほぼ0	1	ほぼ0	1	ほぼ0
総合評価		3	作業性が劣る部分多	2	解体性改善の対策が見られるが、アンバランス	1	解体性の考慮大全体的にレベルが高い。

出典：いすゞ資料より

って安くつくという結果になる。

環境性能への関心も強くなっている昨今、メーカーにとっても整備やリサイクルのしやすさは大きなメリットがある。

VEの視点でこうした「整備性」(前頁図表18参照)や「環境性」(前頁図表19参照)を分析し、競合他社のトラックのうち、最もすぐれたものをベンチマークして新型車の構想に提案していった。

VEの定義のなかに「最低のライフサイクルコストで」という一文がある。企業は販売価格だけではなく、お客さまが使用するためにかけるコストを最低にすることが必要である。

つまり、使用コスト、メンテナンスコスト、廃棄・リサイクルコストを最低にすることが求められているわけだが、同社はライフサイクルコストにもVEを本格展開することで、より競争力の高い商品づくりが可能になったといえよう。

■トップダウンで成功させるために必要なこと

前にも述べたが、同社は競合他社とのベンチマーキングはもちろんのこと、ときに一〇

○円ショップの商品をベンチマークすることもあるという。
最近の一〇〇円ショップは、以前に比べて商品の種類が格段に増え、「こんなモノまで一〇〇円で売っているのか」と驚くことも少なくない。同社がトラックに、あるいは工場などで使っている備品と同じものが一〇〇円ショップにいくつあるかと調査したところ、少なくとも一〇〇種類見つかったという。いすゞのコストではいくらなのかを一〇〇円ショップと比較したところ、実に三勝九七敗という惨憺《さんたん》たる結果になった。

もちろん品質面の違いはあるにせよ、コストという面でこれだけの差が出たのは、ある意味ショックであった。ＶＥ活動を続けていくためには、常にこうした「最も安いモノ」に注目して、「どうすればいすゞでできるか」を考え続けることが大切なのである。

ＶＥ担当者によると、ＶＥに必要なのは、こうした問題意識に加え、アイデアと根気とセンスだというが、こつこつと地道な努力を重ねていくのが、ＶＥを長く続けていくためのコツなのかもしれない。

同社のＶＥの歴史はほぼ五〇年になる。これだけ長く続けることができた理由の一つは、早くからＶＥを始め、ＶＥが根付いていたところに、よいタイミングでトップダウンが加わったことではないかという。

同社によると、ＶＥが進んでいる企業は一様にトップダウン型なのだが、トップというのは決してトップ一人を指すわけではなく、他の役員がＶＥを正しく理解し、本気で推進するという姿勢があってこそのトップダウンだという。

ＶＥにしろ、ＱＣにしろ、トップの理解がない活動が社内に定着することはない。役員を含め、トップがいかにそうした活動に関心を持ち、品質や原価について語り続けられるか。企業には、そういう積み重ねがあって初めて、品質を重んじる風土、徹底した原価低減に取り組む風土、変化を当たり前のものとする風土が生まれ、根付くことになる。

第三節――徹底した個別採算で利益体質をつくる――シャープ

オンリーワン商品を支える個別採算

企業が儲かっているかどうかは決算書の数字を見れば分かる。ただし、そこで分かるのはトータルで儲かっているかどうかであり、実際にはどの部署がどれだけの利益を上げ、どこが赤字なのか、あるいはたくさんある製品のうち一体どれが利益を生み、どれがマイナスなのかまでは分からない。

社内でこうした数字をきちんと把握していれば何の問題もないのだが、現実にはそこまで見えている企業は案外少なく、いまだに「どんぶり」で数字を見ているところが少なくないようだ。

ある人が赤字企業の再建のために製品ごとの損益を計算したところ、そこそこ利益を出しているのはわずか二つの製品に過ぎず、他の製品は軒並み赤字だったという話がある。

あるいはトータルでは利益を出している企業が部門別の収支をはじいたところ、トップが儲かっていないと思っていた部門が、実は最も利益に貢献し、「ここは凄く儲かっているんですよ」と自慢していた部門が、収支トントンで赤字の一歩手前だったという話も聞いたことがある。

こうした「数字が見えていない」状況で、たとえば「売上げを伸ばせ」「利益を上げろ」と言っても正しい対処、効果的な改善などできるはずもない。

シャープはこれまでも「オンリーワン商品」を追求することで成長を続けてきた企業だ。こうした開発型企業のなかには、つくることにこだわるあまり、収支管理がおろそかになる企業があるものだ。

しかし同社の場合は、すぐれた開発力に加えて、商品の一つひとつに至るまで徹底した個別採算管理を行なうことで、きちんと利益の出る体制を整えている。液晶テレビなどデジタル商品の価格下落は、われわれの想像を上回るスピードで進む。こうしたなか、同社が強い開発競争力を持ちながら、いかにして強いコスト競争力を実現しているかを見ていくことにする。

どんぶり勘定では改善は進まない

同社の特徴は徹底した個別採算管理にある。総合収支管理を行なうことで、原価率はどうなのか、利益率はどうかといったことはもちろん分かるが、ではなぜ原価率が上がり、利益が減少してしまったか、といった点までは分からない。

その場合、個別採算管理を行なっていれば、「この製品のこの点に問題がある」といった原因を見つけることができる。同社では、少なくとも五〇〇〇種類にのぼる機種別・モデル別採算管理によって、計画に比べて実績はどうなのかを調べ、「何が問題か」を明確にしている。どんぶり勘定では改善は進まない。改善のもとは原単位（機種別）にあり、細分化して改善の糸口を見つけるというのが同社のやり方だ。

機種別・モデル別の個別採算管理を行なったうえで、原価管理を徹底していく。アナログ時代には、利益は「いかに数多くつくるか」で決まっていたのに対し、デジタル時代に入ると「いかに売れる商品を企画するか」で決まる。かつては、同じものを大量に生産するのであれば、第一ロットに採算面で多少問題を抱えていても、改善を重ねることで第二ロット、第三ロットで利益を出すことも可能だった。

しかし、今日のように新商品が次々と開発され、商品寿命が短く、かつ価格の下落が一気に進む時代では、第一ロットからいいモノを出し、すぐに採算がとれるようにすることが求められる。

そのためには企画の早い段階から原価を考える必要がある。同社の場合、企画マンが企画書を書く前に原価をはじき、以後、企画から設計、生産準備と進む節々で原価や納期、品質などについて、「目標通りに進んでいるのか」「採算はとれているのか」「コストはどうなのか」といった点をチェックし、目標と現状の乖離《かいり》している部分を細かく詰める作業を繰り返している。

VEは製品開発のできるだけ早い段階から立ち上げるほど効果が高いわけだが、なかでも同社が手がけているデジタル機器の場合には、設計段階でコストをきちんと詰めないことには、後にいけばいくほど、できることが限られてしまう。

たとえば携帯電話事業の場合、季節ごとに新商品が発売されるだけに機種は膨大な数に上る。しかし同社は、一機種につき一枚のコスト管理表を作成して、それを毎日チェックしては、現状を目標にいかに近づけるかという打ち合わせを行なっている。

図表20　個別採算管理の重要性

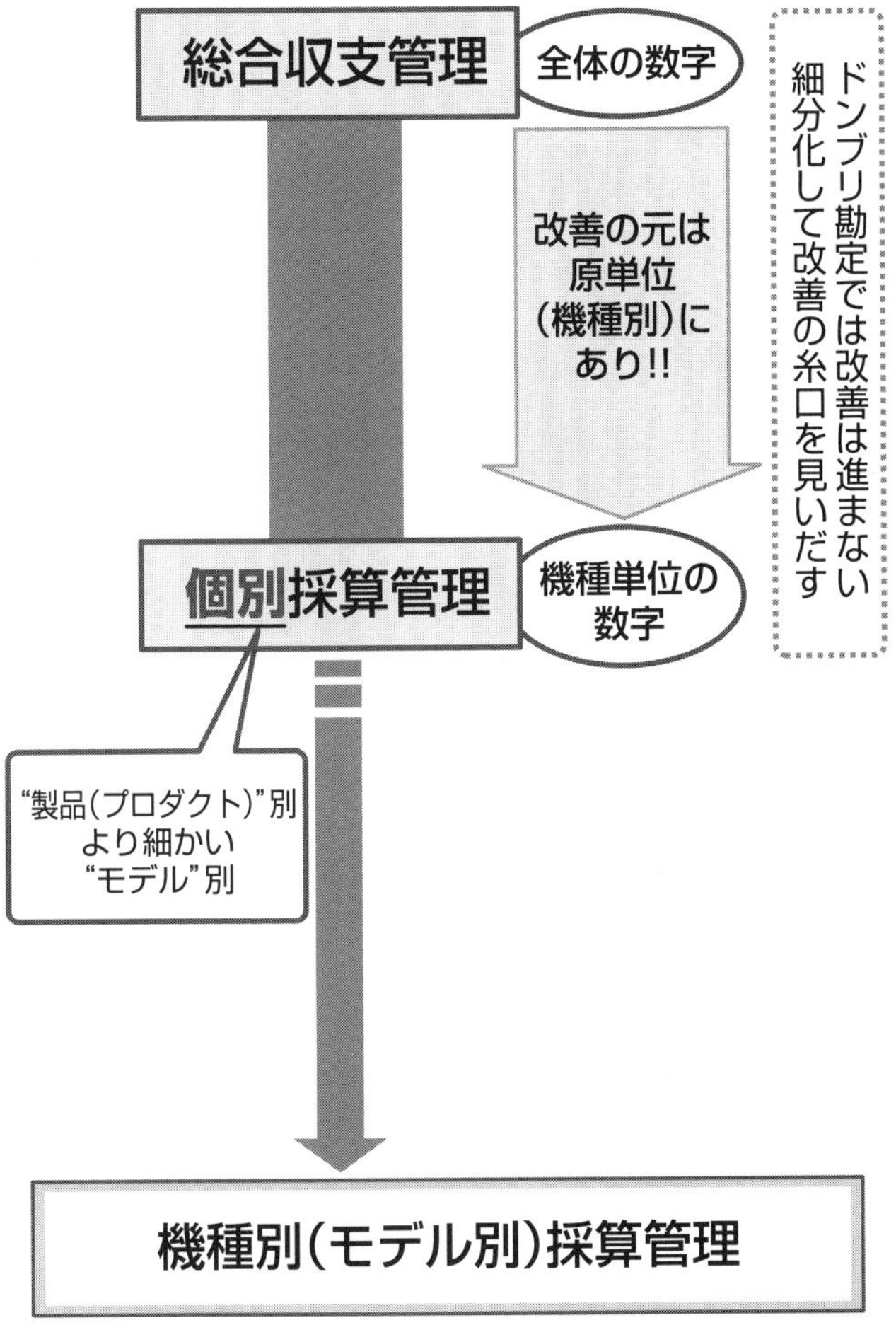

出典：シャープ資料より

図表21 利益の源泉は企画・開発段階

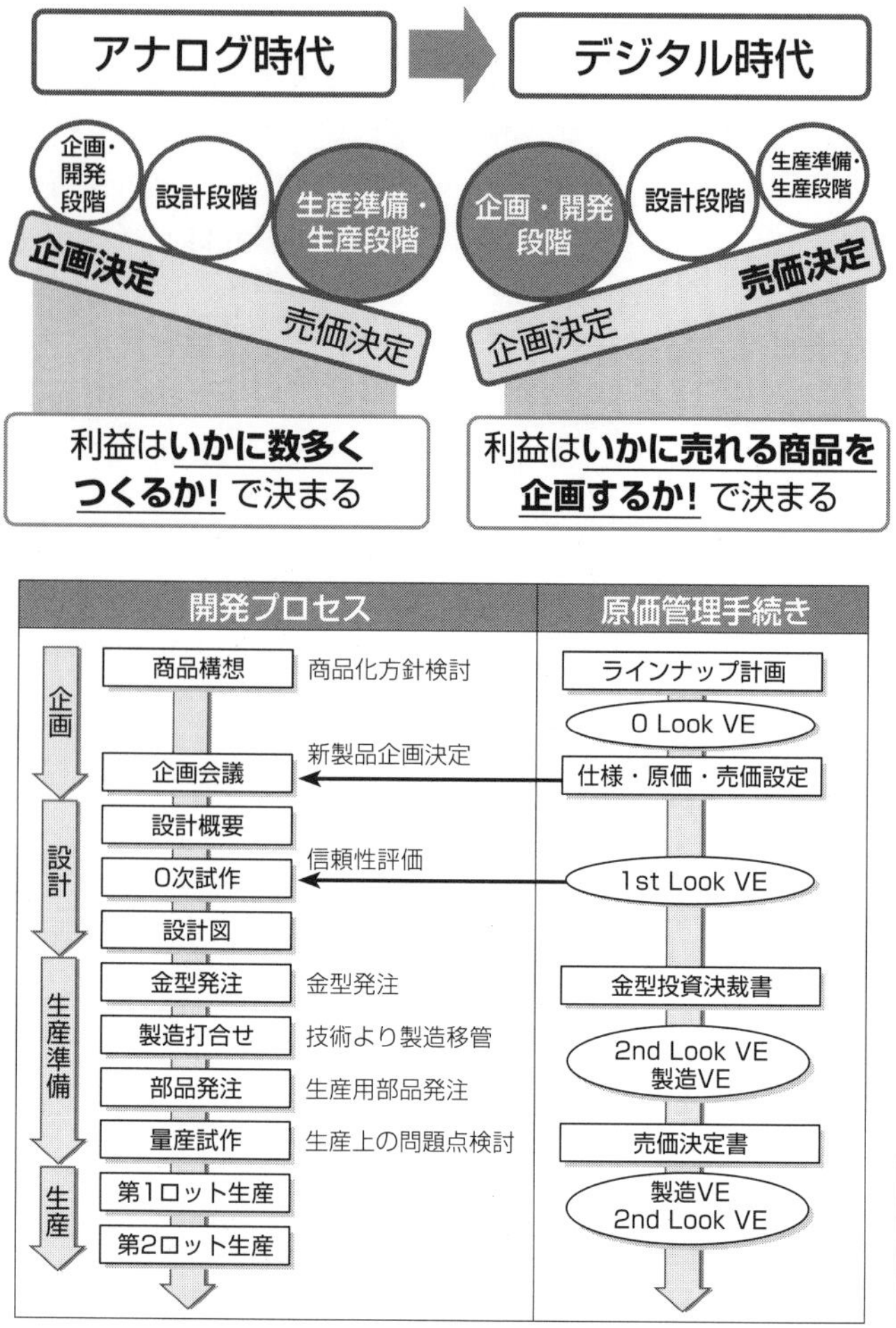
アナログ時代
デジタル時代
企画・開発段階
設計段階
生産準備・生産段階
企画決定
売価決定
利益はいかに数多くつくるか！で決まる
企画・開発段階
設計段階
生産準備・生産段階
売価決定
企画決定
利益はいかに売れる商品を企画するか！で決まる
開発プロセス
原価管理手続き
企画
設計
生産準備
生産
商品構想
商品化方針検討
新製品企画決定
企画会議
設計概要
信頼性評価
0次試作
設計図
金型発注
金型発注
製造打合せ
技術より製造移管
部品発注
生産用部品発注
量産試作
生産上の問題点検討
第1ロット生産
第2ロット生産
ラインナップ計画
0 Look VE
仕様・原価・売価設定
1st Look VE
金型投資決裁書
2nd Look VE
製造VE
売価決定書
製造VE
2nd Look VE

出典：シャープ資料より

■「日々改善、日々実践」を企業風土にするには

この、「毎日行なう」「もれなくやる」という点がとても重要になる。たとえば改善活動においても、トップが思いつきで「さあ、今月は改善月間だ。みんなで改善をしよう」と言ったところで改善活動は進まない。

筆者がトヨタの上司にいつも言われたのは、「日々改善、日々実践」だ。「明日やればいい」と考えたところで、明日になっていい知恵が出るとは限らない。そうではなくて、今日気づいた問題は何が何でも今日のうちに片付ける。毎日、「どこかにムダはないか」と思いながら改善に励む。

気づいた点を今日改善すれば、翌日には結果が出る。問題があればまた改善するのだが、こうした「日々改善、日々実践」を続けるうちに改善は日常になり、風土となる。

シャープも同様だ。一機種一枚のコスト管理表をもとにして「日々管理、日々改善」を行なう。すると今日打ち合わせたこと、今日やったことが次の日には数字として反映され、結果を数字で見ることができる。それがやりがいにつながり、とかく「やらされ感」の強いＶＥ活動が「自主的にやる」ものへと変わる。

図表22● 管理技術の充実

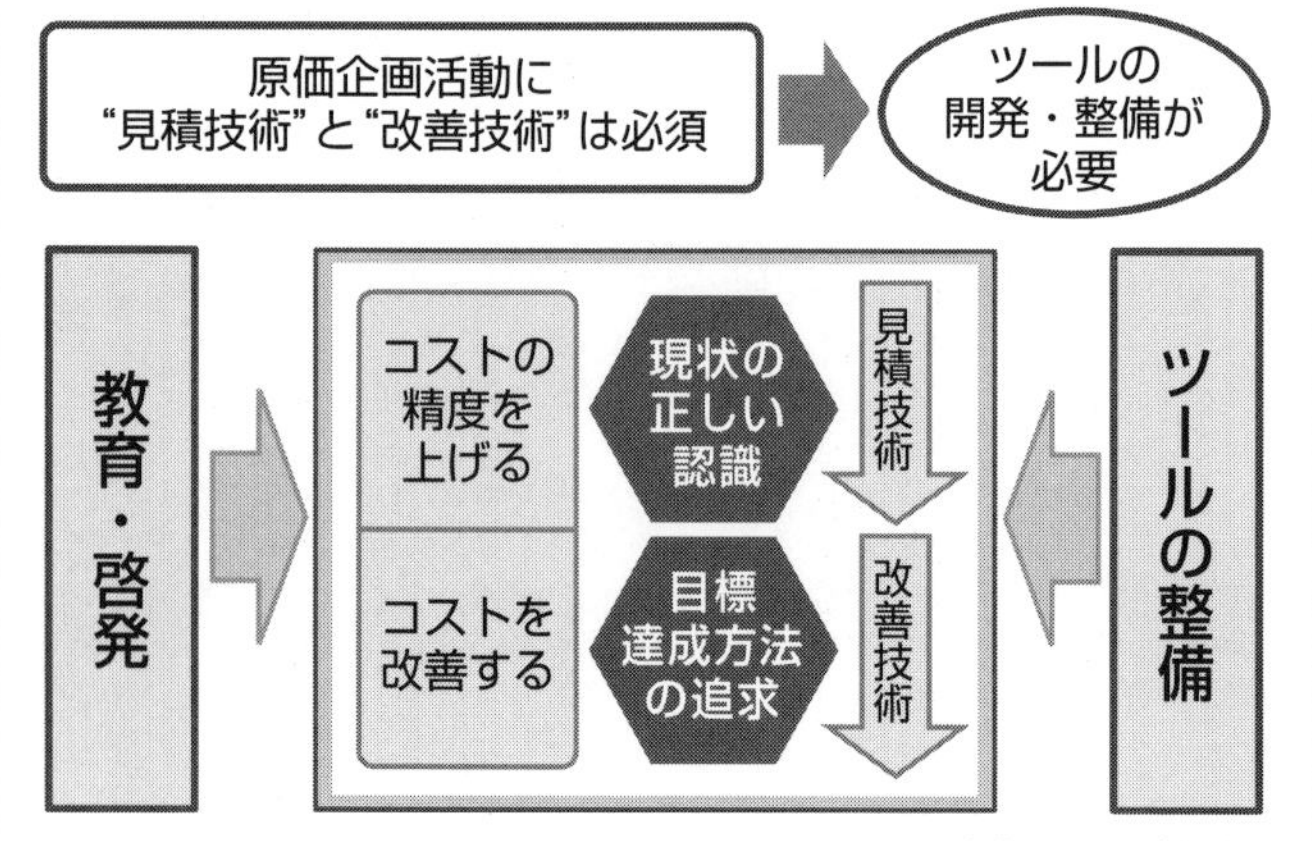

出典：シャープ資料より

こうした活動を支えるのが、現状を正しく認識するための「コスト見積り技術」であり、目標を達成するための「コスト改善技術」となる。企業が何かを変えていこうとする場合、このうちのどちらが欠けてもうまくいかない。

いくら「原価を下げろ」と命令したところで、原価をきちんと見積もることや算出することができなければ、またその原価が見えるようになっていなければ、何が問題かは永久に分からない。これではいくらコスト改善技術を磨いたところでどうにもならない。

反対に、問題が見えていたとしても、その問題を解決するための技術が伴わなければ、これまたどうにもならない。ＶＥ活動を進めるためには常にこの二つが必要になる。そのうえで「毎日やる」「もれなくやる」「みんなでやる」を続けることだ。

この「みんなでやる」ことが企業によっては案外難しい。幸い同社の場合、「オンリーワン商品をつくる」というコンセプトがはっきりしているため、企画開発の早い段階からみんなでアイデアを持ち寄り、合意を形成するという風土があった。これもＶＥの推進に大いに役立ったようだ。企画や設計、購買はもちろん、デザイナーもＶＥに参加しているところからも同社の徹底ぶりがうかがえる。

■文化としての定着・浸透を目指せ

全員参加型のＶＥを推進していくためには、ＶＥ啓発活動が重要になる。同社の場合、ＶＥの重要性に対する理解はかなり深まっているが、それでも、実行ということになると拠点ごとや、上層部の考え方によってやはり温度差が生じている。その差を埋め、みんなが頭で理解するだけでなく、実行するようになるために行なっているのが各種の啓発活動だ。

ＶＥ啓発活動の目的は、「ＶＥ意識を高揚させる」ことだが、そのためには「ＶＥに関心を持たせる」「VEの有効性を認識させる」「VE実践能力を向上させる」の三つが重要になる。VEリーダーを養成する研修にももちろん力は入れているが、それと同じくらい大切なのは社員みんながVEに関心を持ち、「VEっていいものだ」「VEは効果があるんだ」ということをしっかり認識していることだ。

そのために行なっているのが、海外工場を含めた、全社員からのVEに関するスローガンの募集である。優秀作品はポスターにしてすべての工場や事業所に貼り出している。たとえば二〇〇七年度のスローガンは、一万件近い応募のなかから選ばれた「新たな視点で価値創出　知恵を集めてVE実践」だ。これを日本語のほかに英語と中国語も併記して、要所要所に掲示するようにしている。国内や海外工場はもちろん、取引先にも配布して、食堂や通路といったみんなが日常的に目にするところにも貼ってもらうようにしているという。

成果発表会も毎年開催している。各事業部の選考を経て選ばれたVE事例をさらに審査して、そのなかからよりすぐれたものが成果発表会で発表される。ここではシャープ以外の取引先の活動報告も行なわれ、できるだけグループ全体でVEの成果を共有できる環境づくりを心がけている。

こうした事例はホームページでいつでも見ることができるうえ、すぐれた事例は社内報にも頻繁に取り上げられることになる。

改善活動が活発な企業の特徴は、問題を見えるようにして、みんなが知恵を出し合い、その成果をみんなで共有するところである。

シャープには、アイデアを持ち寄り、協力し合う風土があるからこそ、オンリーワン商品を世に問い続けることができるのだ。

第四節――VEは経営そのもの――日立建機

■営業やサービス部門にも適用

VEはコスト削減のための管理技術であり、主としてモノづくりにおいて有効なものである、というのが一般的な見方だが、はたして本当にそうなのだろうか。

「VE活動研究」を始めたのが一九六〇年というから、すでに五〇年近くにわたってVE活動を展開している日立建機のVEに関する考え方は、こうしたVEの一側面だけをとらえた狭い見方とはまるで違っている。

第1章でも触れたとおり、同社のVE活動の特徴は次の言葉がよく表している。

「購入品中心の部品レベルのVEから製品の開発段階からのVEへ」
「工場部門主体のVEから営業・サービス・レンタル部門を含むVEへ」
「ハードウェア中心のVEからソフトウェアを含むVEへ」

「購買技術から普遍的経営技術へ」

ＶＥの効果が最もよく表れるのは製品の設計・開発段階であり、それもできるだけ早い段階からＶＥに取り掛かることで、その効果がより大きくなるというのはよく知られている。だが、こうしたＶＥ手法が製造以外の部門、たとえば営業やサービスといった部門でも有効であるということは案外知られていない。

もっとも、これはＶＥに限ったことではなく、製造部門の改革や改善がかなり進んでいる企業でも、営業やサービス部門、あるいは間接部門などは、ほとんど進んでいないという企業は案外多い。

本来、企業のコスト競争力を決めるのは、単に製造部門の力だけではない。間接部門を含むすべての部門が一体となってコスト低減に励んで、初めて強いコスト競争力が実現するのだが、なぜか製造部門以外の改革や改善が進んでいないところに大きな問題がある。

日立建機がＶＥ活動を展開する過程で、営業やサービス部門にまでＶＥ活動を広げたのには理由がある。同社の主たる顧客は建設業界である。日本は戦後、ビルや住宅、道路といった社会資本の整備を急速に推し進め、その役割を担った建設業界も急成長を遂げることとなったが、その成長にストップをかけたのがバブル崩壊だった。

バブル当時、たとえばビルやマンションを建設する際の坪単価は、まさに天井知らずだった。一般の消費でも、高価な商品が面白いように売れた時代であり、まさに「つくれば売れる」そんな時代でもあった。

それだけにバブル崩壊の反動も大きく、各企業が過剰在庫、過剰設備、過剰人財などを抱え、経営体質の見直しを迫られた時代でもある。当然、同社のお得意先である建設業界も体質の転換を迫られることになり、厳しい価格競争のなかでコストを抑えつつ、いかにしていいモノをつくるかが求められるようになった。

一部の企業を除き、それまであまりVEに関心を示していなかった建設業界が、VE手法に強い関心を持ち始めたのがまさにこの時期である。VEの広がりとともに、同社のような取引先に対してもVE的な手法、VE提案を求めるようになってきた。

幸い同社はVEの先駆的企業であり、VEは工場部門を中心に盛んに展開してはいたが、こうしたお客さまと直《じか》に接触する営業マンに対するVE教育は、あまり行なっていなかった。

そこで同社は、この機会に営業部門に対してもVEを導入、あわせて営業のやり方そのものを大きく変えていくという決断を行なった。

■「VEの共通言語化」とは

仕事をともに進めていくうえで「言葉が通じる」かどうかは重要な意味を持つ。

筆者はトヨタで育ち、四〇代になって初めてトヨタ以外の企業で生産改革の指揮を執ることとなった。それ以前も協力会社の生産改革には随分と関わってはいたが、それはあくまでもトヨタグループあるいは系列企業であった。

トヨタを離れたとき、最も苦労したことの一つは「言葉が通じない」ことだった。もちろん日本語が通じないという意味ではない。たとえば「ムダを省け」と言ったとしても、トヨタとそれ以外の企業では、そもそも「ムダ」の定義自体が違っている。こうした言葉の違いやものの見方、考え方、行動の仕方の違いというのは、改善を進めていくうえでは思わぬ障害になるという経験をした。

言葉が通じること、みんなが同じモノサシを持つということは、仕事を進めるうえでとても大きな意味を持つ。お客さまである建設会社がVEに真剣に取り組み始めている以上、同社の営業マンも、正しいVEの知識を身につける必要がある。そうすることによって、VEの言葉が通じるだけでなく、お客さまに対して積極的にVE提案ができるようになる必要がある。

同社が、営業マン・営業部門に対してVEの導入、VE教育の必要性を感じたのは、こうした理由からだ。

加えて、お客さまのニーズが多様化・複雑化する時代には、経験の浅い若手社員であっても、ベテラン社員と同じように、的確でスピーディーな対応ができるようにしなければならないという背景もあった。

■「投資額の五倍」の効果を発揮した原動力

同社はもともと「VE」ではなく、「VEC（Value Engineering for Customers）」という言い方をするほど「お客さまのためのVE」を強く志向している。

そうした視点に立つとき、従来の営業活動は営業マン個人の力量に頼る部分が多く、顧客への提案がベストマッチしていなかったり、回答が遅れがちであったりと、顧客満足という点では問題を抱えていた。

そこで同社は、一九九五年から営業のVEC活動である「STAR21活動」を開始、「営業の機能」の研究を経て、若手社員でもベテラン社員と同じような力が発揮できる体制、

図表23 日立建機「STAR21活動」のしくみ

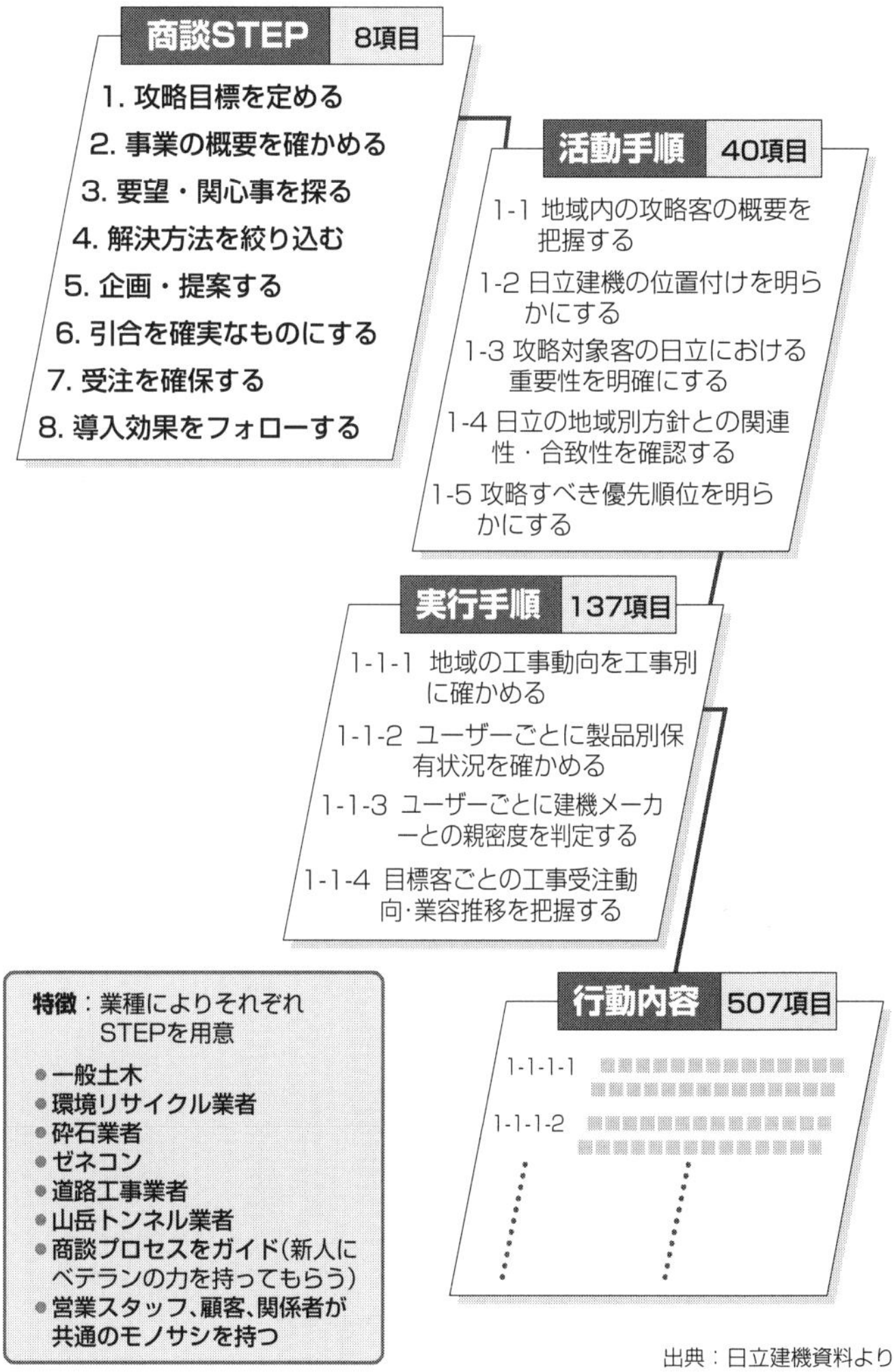
商談STEP 8項目
1. 攻略目標を定める
2. 事業の概要を確かめる
3. 要望・関心事を探る
4. 解決方法を絞り込む
5. 企画・提案する
6. 引合を確実なものにする
7. 受注を確保する
8. 導入効果をフォローする
活動手順 40項目
1-1 地域内の攻略客の概要を把握する
1-2 日立建機の位置付けを明らかにする
1-3 攻略対象客の日立における重要性を明確にする
1-4 日立の地域別方針との関連性・合致性を確認する
1-5 攻略すべき優先順位を明らかにする
実行手順 137項目
1-1-1 地域の工事動向を工事別に確かめる
1-1-2 ユーザーごとに製品別保有状況を確かめる
1-1-3 ユーザーごとに建機メーカーとの親密度を判定する
1-1-4 目標客ごとの工事受注動向・業容推移を把握する
行動内容 507項目
1-1-1-1
1-1-1-2
特徴：業種によりそれぞれSTEPを用意
●一般土木
●環境リサイクル業者
●砕石業者
●ゼネコン
●道路工事業者
●山岳トンネル業者
●商談プロセスをガイド(新人にベテランの力を持ってもらう)
●営業スタッフ、顧客、関係者が共通のモノサシを持つ

出典：日立建機資料より

個別のお客さまのニーズに速やかに対応できる体制をつくりあげることに成功した。

その過程では、日立グループが得意とするＩＴも大いに力を発揮した。四〇〇名の営業マンも含め、全社で累積二〇〇億円ものＩＴ投資を行なったが、その効果は投資額の五倍を優に超えたという。

同社が扱っている建設機械は、ベース部分は同じでも、機械を使う場所、工法などによって、アタッチメントは大きく変わってくる。お客さまとの商談を通して、きちんとニーズを汲み取り、かつ迅速に提案するというのは、ベテラン社員であっても案外と難しい。同社はこれらをパソコン上で動画として表示、実際の画面を見ながらお客さまと商談しつつ提案書や見積書まで作成できるように改善して、スピーディーで的確な営業提案が可能となった。

同社に限らず、営業活動にＶＥを取り入れた事例はほとんどない。言わば手探りでのＶＥ活動ではあったが、効果のほどは先ほどの「投資額の五倍」という数字がよく表している。

そして何より、十人十色と言われるほどに多様なニーズを持つお客さまそれぞれに、最適の提案ができる環境ができたことが最も大きな効果だと言える。

図表24 ● 日立建機におけるサービス機能系統図

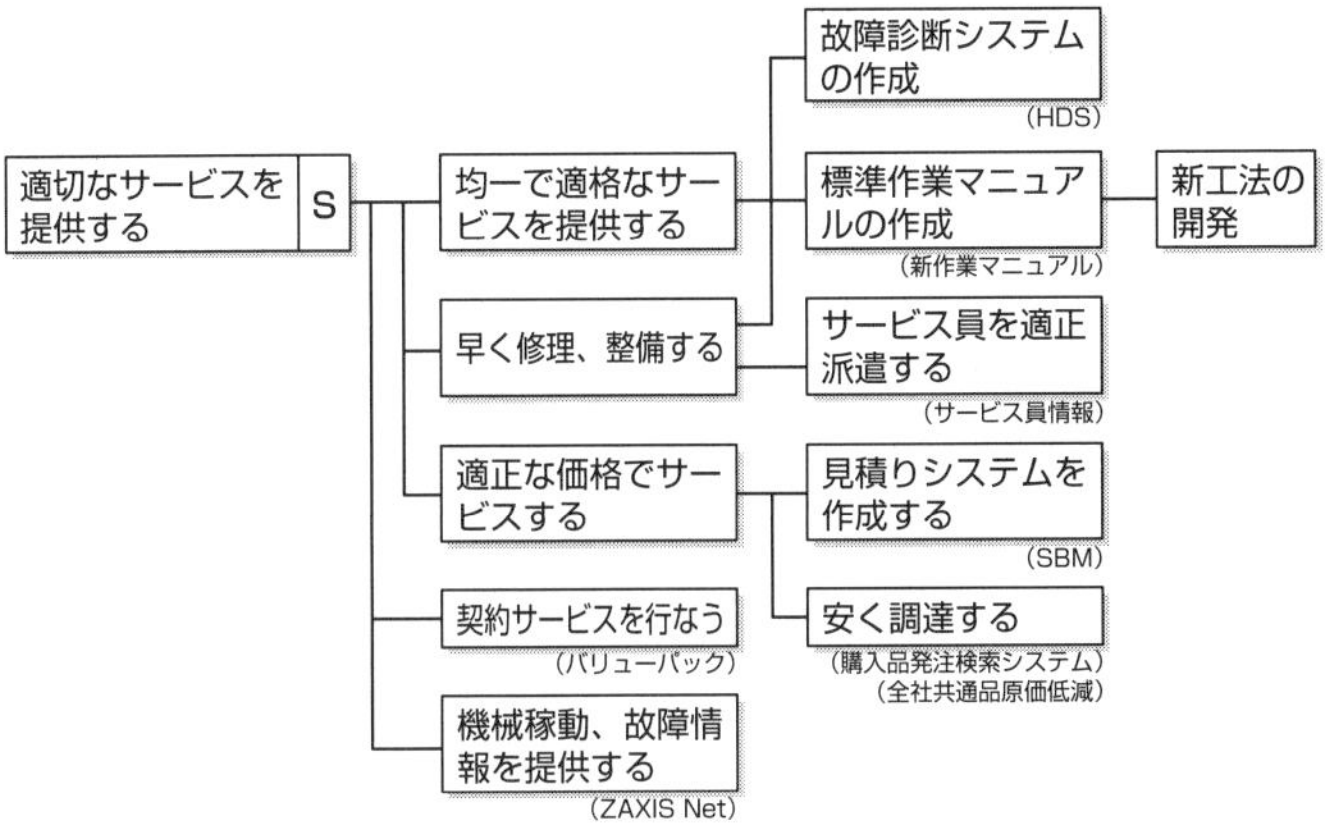

出典:日立建機資料より

■サービス文化の再構築

お客さまと接するのは営業部門だけではない。同社は全国に一六〇ものサービス拠点を展開しており、ここでお客さまにどのようなサービスを提供できるかが同社への満足度を左右することになる。

たとえば同社の建設機械は七〜三〇トンの中型の場合、消耗部品の交換だけでも平均四、五回ある。修理を含めて全国どの拠点に行っても同じ金額、同じ期間、同じ品質のサービスを受けることができるというのは、とても重要になってくる。

同社は、ここでもサービス文化の再構築を掲げてサービスの機能的研究を行ない、「早く、安く、正確な修理・保全」の実現を目指すことにした。

活動当初、サービス作業を分析すると、冶工具《やこうぐ》、分解手順、作業内容、作業時間、見積りなどに大きなバラツキが見られた。こうしたバラツキをなくすために、標準作業マニュアルを作成、資材購入にあたっての全国最低購入価格（チャンピオン価格）の検索システム、最もすぐれた作業情報（チャンピオンマニュアル）などを公開することで、全国のどの拠点でも早く、安く、正確な修理や保全が受けられる体制作りを進めていった。

また、サービスマンの技術力の向上のために技術競技会を開催し、各人が自分の技能を競いながら高めていく環境づくりも行なっている。

■VEは普遍的な経営技術である

VEを何らかの形で取り入れている企業は多いが、同社のように、生産部門以外の営業やサービス部門にまで幅広くVEを展開している企業はあまりない。同社がここまでVEの全社的展開にこだわるのは、「VEは経営そのものである」という強い信念があるからだ。

同社にとってVEは単なる購買技術ではない。購入品中心の部品レベルのものでもなけ

図表25 ● 日立建機のプロセスマップ

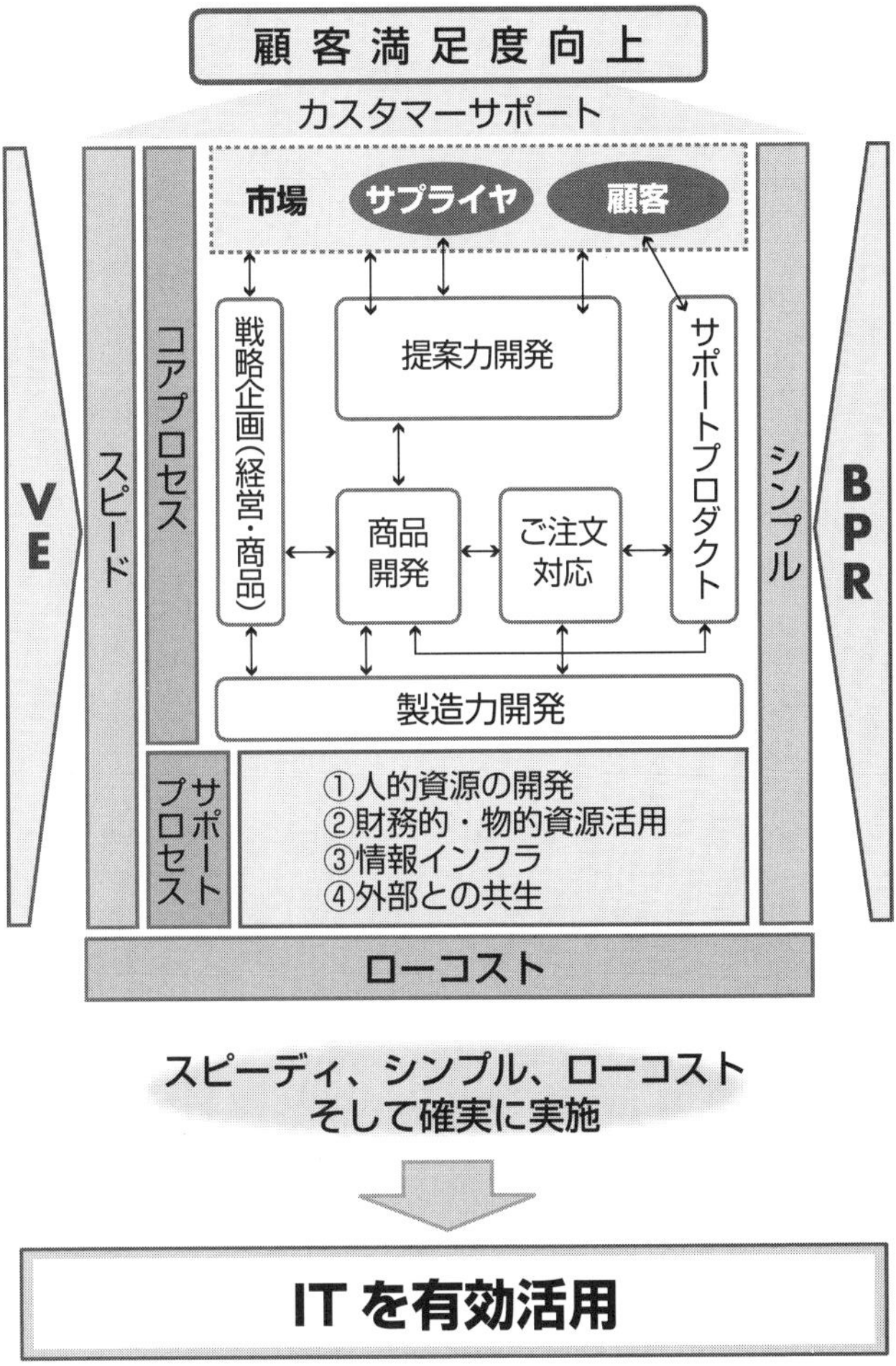

出典：日立建機資料より

れば、単に工場だけがやればいいというものでもない。VEはすべての部門が取り組むべきものであり、普遍的な経営技術である、というのが同社の考え方だ。

同社社長の瀬口龍一氏（当時。現在は同社名誉相談役）の強力なリーダーシップのもとで進められてきた同社のVECは、今や日立グループ全体に広がり、「VEリーダー一万人プロジェクト」という壮大な動きへと進化している。

このプロジェクトが日立グループ、そして日本のVEをどう変えていくのか、興味深いところではある。

第五節――「顧客第一」は公共団体でも同じ――大分県庁

■変革を後押しした、県の財政事情

ここまでは民間企業でのVE活動を見てきた。では、VEは民間企業、それもメーカーだけのものかと言えば、もちろんそんなことはない。

今やトヨタ式がメーカーという枠を超え、サービス業や官公庁でも導入されているように、VEも多くの企業や官公庁で導入されている。

VEの基本は、いかに安いコストでお客さまに価値ある機能やサービスを提供するかだが、その活動を通して社員が問題解決能力を身につけ、企業自体も経営環境の変化を当然のこととして受け入れるという風土に変わることができる。

このような企業風土は、時代が変化し、お客さまのニーズが変化していくなかで、企業が生成発展していくために最も大切なことだが、こうした能力を求められているのは何も民間企業だけではない。むしろ財政面で厳しさを増し、国民の見る目も大きく変化した官公庁こそ、こうした能力を身につけることが求められている。

大分県土木建築部がVE手法を導入したのは二〇〇四年のこと。同部が進める公共事業費の削減が成果を上げるのに伴い、全国の自治体から注目を集め、今や「大分モデル」として全国に波及し始めている。時代の流れから当然のことと言える。

大分県の財政状況は厳しく、二〇〇四年度の長期債務残高は約一兆円に達し、このままでは二〇〇七年度には財政再建団体になるという見通しがあった。そこで、二〇〇四年三月に「大分県行財政改革プラン」を策定、広瀬知事のもと、全庁あげて財政の立て直しに取り組むことになった。

なかでも公共事業の予算はさらに厳しい状況にあり、一九九八年度のピーク時には二七〇〇億円を超えていた予算は年々減少し、二〇〇六年度はピーク時のほぼ半分の一四〇〇億円にまで落ち込んでいる。

肝心の予算がないのだから、できることは自ずと限られてくる。とはいえ、よりよい社会資本の整備のためには、やらなければならないことも多数ある。住民のニーズも、かつてとは比べものにならないほど多様化し複雑化している。

従来通りのやり方を続けていては、社会資本の整備が進まないばかりか、住民のニーズに応えることも難しくなってくるという状況のなか、「コストをかけずに社会資本を整備するためにはブレイクスルーしかない」という問題意識が部内で持ち上がった。

■トップの方針と一致したVEの理念

幸い同部には、数年前からVEに関心を持ち、独自で勉強を進めている人物がいた。彼は、VE発祥の地であるアメリカには「VE法」というものがあり、ある一定額以上の公共事業を実施する場合には必ずVE提案を行なうことが決められており、毎年一〇〇〇億円ものコストダウンに成功しているという事実に関心を持った。VEがそれほど効果のあるものなら、大分でも試してみてもよいのではないかと考えていた。

ちょうどその頃、広瀬知事が財政再建に全庁あげて取り組むこと、ゼロベースで見直すことという方針を打ち出しており、職員間でも改革の気運が醸成されつつあった。彼は思い切って公共事業にVEを導入することを提案、トップの考えとVEの理念がぴったり一致したことで土木建築部におけるVE推進チームを結成し、VE活動がスタートすることになった。

もちろん、トップがゴーサインを出したからといって、部内全員が諸手《もろて》を挙げて賛成したわけではない。ＶＥに対する職員の理解度も十分浸透していたとは言い難く、積極的な導入賛成派はむしろ少数派だった。ＶＥ推進チームの提案に対し、積極的に応じてくれた人もいたが、「ほんとうに効果があるのか」「今までだって十分工夫してきたのでは」という声もあり、「まずはやってみて結果を見てほしい」と、説得に奔走したこともあった。

もちろん同部がこれまでコスト削減のために何の努力もしてこなかったわけではない。しかし、当時の状況は従来のやり方を超える画期的な努力が求められていた。

従来のやり方を突破するためには具体的事例を見せるしかない。改革に反対する人というのは現状をベストと考え、変えていくこと自体に反対している。「なぜ変えなければならないか」を必死になって説いたとしても、簡単に納得するものではない。では、どうするかというと、これはトヨタ式でも用いるやり方だが、モデルラインによって目で確認してもらうというやり方が効果的だ。

たとえば工場に複数のラインがある場合、そのうちの一本だけを新しいやり方に変え、他はそのままのやり方を続ける。モデルラインで改善が進むにつれ、少しずつ成果が上がってくる。モデルラインで働いている人はもちろん、そうでない人もモデルラインを見れば新しいやり方は何が違うのか、今までのやり方に比べてどこがすぐれているのかが実感できるようになる。最初は反対していた人たちも、徐々にではあるが、「これならやってみるか」と賛同するようになり、改革の輪が広がっていくことになる。

大分県土木建築部のＶＥ推進チームも同様だった。「試しにやってみよう。やってうまくいけば、みんなも納得するのでは」と考え、道路改良の設計ＶＥに取り組むことにした。早速、道路や橋梁《きょうりょう》、河川などの専門技術者が集められチームデザイン体制を敷き、既に事業化が決まっていたバイパスの設計ＶＥに着手した。

ひたすら現地を歩き、声を吸い上げる

公共事業のＶＥは、企業が行なう製品やサービスのＶＥとは違う難しさがある。単にコストを抑えればいいということではなく、道路を利用する住民の声を十分に聞き、バイパスがもたらす経済効果を十分に検討したうえで、かつ、できるだけ環境に負荷をかけることなしに、いかに安くつくるかを考える必要があるからだ。そのため、メンバーは全員で現地に出向き、現有道路の周辺やバイパス予定地を実地に歩いて検証、関係者の話なども聞いて回ってみた。

図表26　バイパス建設における設計VEの試行事例

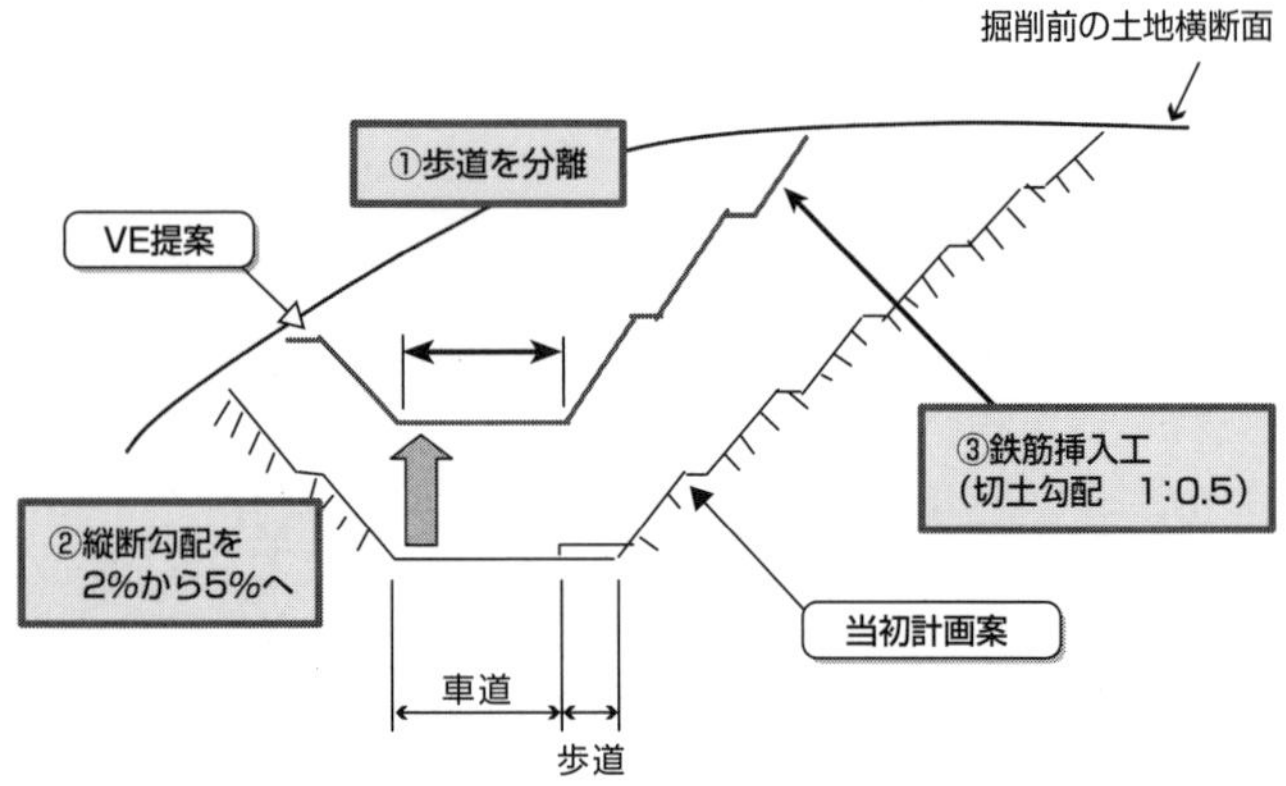

出典：大分県土木建築部資料より

ワークショップは、さまざまな分野の技術者が一堂に集まり、いろいろな角度から多面的に考察する場である。そこでは、普段気づきにくい潜在的な課題が思いがけず提案されることも多い。ワークショップには時間がかかったが、その成果は実に大きかった。

公共事業というのは本来、使用者の立場に立って考えることが重要であり、使用者が満足してくれることがとても大切なのだ。しかし実際には、公共事業を進める過程でそこまで使用者のことを考え、使用者の声に耳を傾けているかというと、ときに疑問が残ることも多い。VE推進チームは、道路の使用者や学校関係者のニーズを十分踏まえ、丁寧に視察することで、多くの情報を集めた。そして、なんと二四〇ものアイデアを出すことができたのである。

結果、従来の歩道と車道の併用ではなく、歩道を分離した車道のみ（歩道は既存の道路でカバーする）の案に変更、勾配も変えたことで掘削《くっさく》が最小限ですみ、環境への負荷も少なくなり、事業費も九億円の予算を六億円にまで抑えることに成功した。

この成功は大きかった。予算が節約できたことはもちろんだが、ワークショップを通じて住民への説明責任が果たせたうえ、職員のやりがいが生まれ、技術力が向上したことが何よりの収穫だった。

VEが根付く風土をいかにつくるか

官公庁の職員というのはたくさんの仕事を抱えている。また、さまざまな制約のもと、現状維持の姿勢になってしまいがちである。何か新しいこと、リスクのあることに挑戦するのは、意識のうえで確かに敷居の高いことも頷《うなず》ける。しかし、そうした意識がVEを通して少しずつ変化し、「よりよいモノをより安く県民に提供する」という改善意識を一人ひとりが身につけるようになれば、仕事のやり方は確実に変化することになる。

コスト削減効果も絶大だ。これまでに実施した六つのプロジェクトには当初、一三一億円の事業費が見込まれていたが、設計ＶＥの実施によって約八四億円のコスト縮減が見込まれている。こうしたたくさんの効果が期待できるＶＥだが、難点もある。設計ＶＥは既に動いているものをもう一度練り直すうえ、一件やるのに三カ月近くを要するため、年間三～五件をこなすのが精一杯なのだ。

しかも官公庁の場合は定期的な人事異動があり、担当者が二、三年で他部署に異動になるため、せっかくノウハウを身につけた人財がいなくなってしまうという問題もある。

そのＶＥ推進のリーダーも例外ではない。彼は別の部署に異動し、その後を別の担当者が継いでいる。幸いなことに、その後任の人物は、ＶＥのしっかりとしたノウハウを身につけているが、こうした定期異動が避けられない県庁の場合、ＶＥを風土として定着させていくためにはきちんとした体制づくりが欠かせない。その一つが、ＶＥの資格を持ち経験豊富なメンバーで構成された設計ＶＥ推進連絡会議で、ここがＶＥ事務局を支えることでＶＥ活動を強力にバックアップしている。

ＶＥの風土づくりに向け、表彰制度を導入したり、県内外への広報活動も積極的に行なっているが、最も特徴的なのは土木建築部としての「心得三原則」や「三つの行動指針」を決めていることだ（162頁図表29参照）。すぐれた企業には必ずといっていいほど、すぐれ

図表27 ● 大分県におけるVEシステム体系

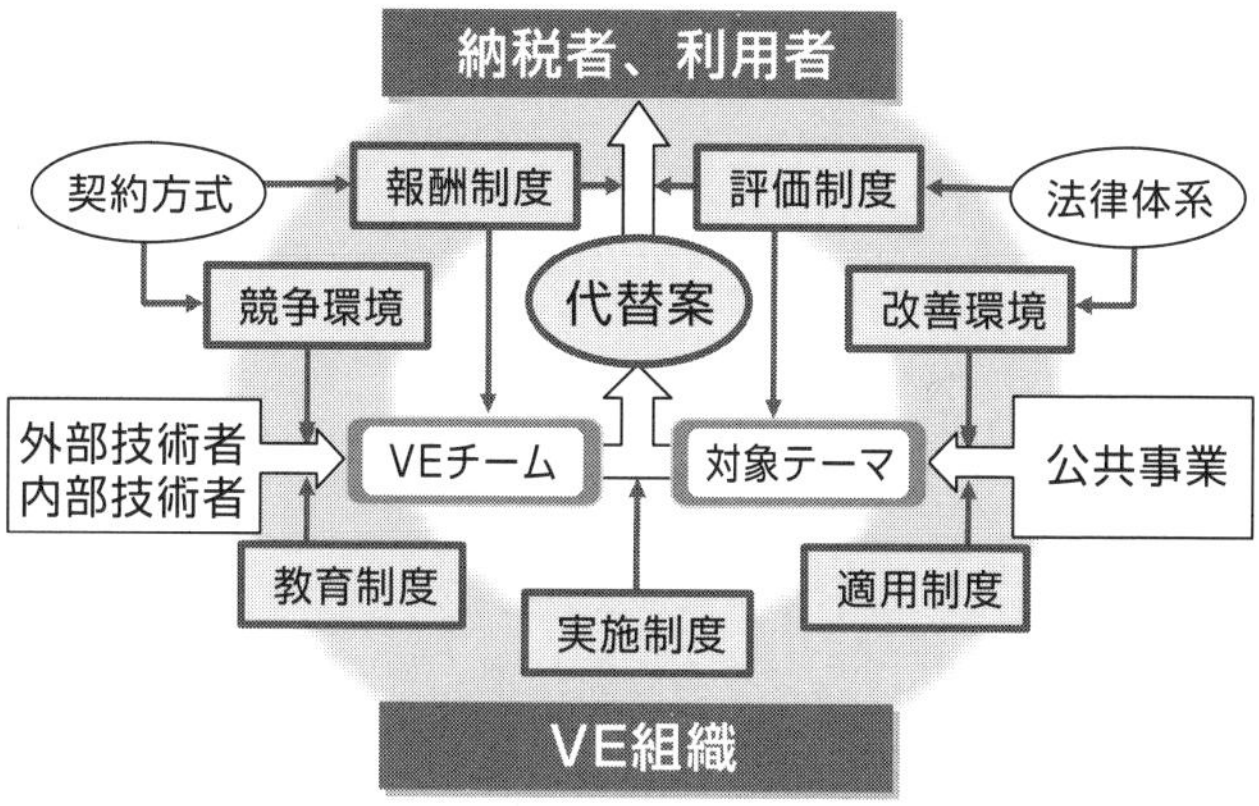

出典：大分県土木建築部資料より

図表28 ● VE推進スケジュール

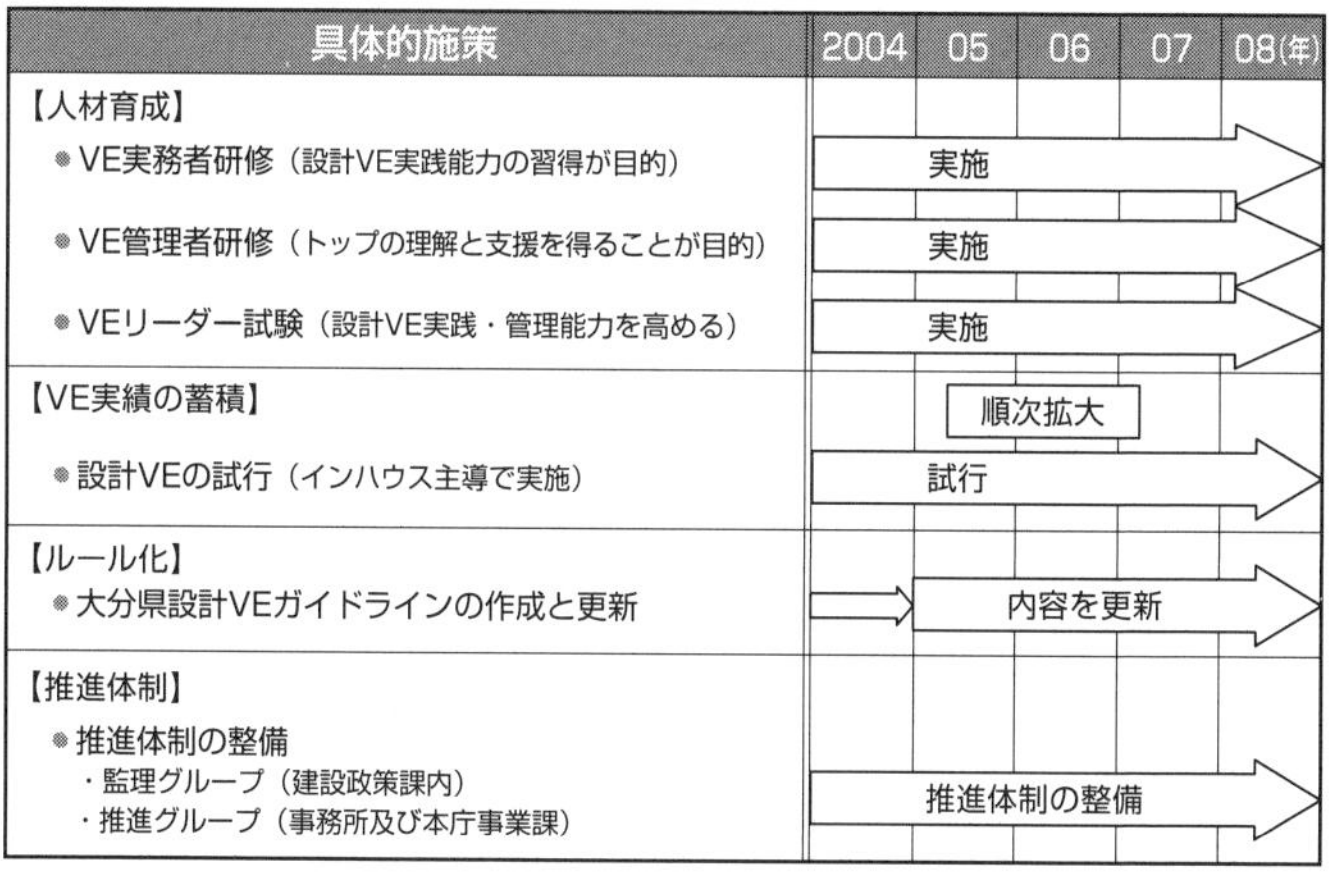

具体的施策	2004	05	06	07	08(年)
【人材育成】					
● VE実務者研修（設計VE実践能力の習得が目的）		実施			
● VE管理者研修（トップの理解と支援を得ることが目的）		実施			
● VEリーダー試験（設計VE実践・管理能力を高める）		実施			
【VE実績の蓄積】			順次拡大		
● 設計VEの試行（インハウス主導で実施）		試行			
【ルール化】					
● 大分県設計VEガイドラインの作成と更新			内容を更新		
【推進体制】					
● 推進体制の整備 ・監理グループ（建設政策課内） ・推進グループ（事務所及び本庁事業課）			推進体制の整備		

出典：大分県土木建築部資料より

図表29● 大分県土木建築部の「心得と行動指針」

■心得3原則■

県民優先の原則
県民が要求しているものは何か、何に価値を見いだすかを追求

地域密着の原則
それぞれの地域に根を張り、現場主義に徹する

価値向上の原則
現状に満足せず、県民の満足を願って常に改善していく

■3つの行動指針■

1. 私たちは、すぐに駆けつけます
2. 私たちは、よく見、よく聞きます
3. 私たちは、常に改善していきます

出典：大分県土木建築部資料より

た経営理念がある。それもただ言葉として伝わっているだけではなく、経営理念が行動を律するものとして機能して初めて意味を持つ。

大分県におけるＶＥ推進のきっかけは、「公共事業の発注者である、われわれ職員の存在意義は何なのか」という自問自答から始まっている。公共事業の目的はつくることではなく、国民に満足して使ってもらうことにある。

そんな素晴らしい社会資本をつくることに誇りを持っているからこそ、「改善＝ＶＥ」によってよりよいものを目指したいというのが同部職員の願いであり、この三原則と行動指針はその支えとなっている。

第6章

モノづくり、人づくりに終わりはない

第一節——先進企業から何を学ぶのか

■絶えざるベンチマークが強さの秘密

前章で、ＶＥの先進企業の事例を紹介させていただいた。

こうした事例を読んだあとの反応というのは、両極端に分かれる。いずれもが知名度のある大企業であるから、「あれだけの知名度と規模があれば何だってできるよ」「うちのような小さなところではＶＥなんてできっこないよ」と感じる人。そして一方には、事例のなかから、自社に少しでも参考になりそうなものを探し、それを取り入れようと努力する人である。

筆者は、どんなすぐれた管理技術、経営理論であれ、それさえあれば企業が抱える問題のすべてを解決してくれるという万能薬とはなりえないと考えている。万能薬を期待するのではなく、それぞれの管理技術、それぞれの経営理論には、何かしらすぐれたもの、役に立つものがあるからこそ、多くの企業から支持されるのである。

だとすれば、そうした管理技術や経営理論に関心を持ち、そのなかから一つでも二つでもいいから自社で使えるものはないかと考えるのは、とてもいいことだと思う。

トヨタ式に関心を持ち、導入を試みる企業はたくさんある。いまだに「あれは車をつくるためのもので、うちには使えない」と頑《かたく》なに拒否する企業もあれば、社員数が一〇〇名に満たない企業でありながら、トヨタ式を見事に自社に取り入れ、同業他社を尻目に成長を続けるところもある。

あるいは、トヨタ式と何の関係もなさそうな病院が、「改善の考え方はうちでも使えるのでは」と考え、思い切って導入を決めたところもある。赤字に苦しむ病院がたくさんあるなかで、この病院は改善によって来院者数を増やし、見事一五％を超える利益率を実現した。

こうした企業に共通するのは、「いいもの」を貪欲に取り入れて、自分たちの知恵と工夫で改善を重ね、かつ試行錯誤を重ねながらでもやり続ける、という強い意志で改善に臨んでいることだ。

トヨタの強さの秘密は、絶えざるベンチマーキングにある。その対象は世界の大企業だけとは限らない。先ほど紹介した社員数が一〇〇名に満たない企業や、一見したところ畑違いの病院であろうとも、「よい改善をやっている企業がある」と聞けば、規模や業種を問わずに見学に行って、話を聞き、よいことはすぐに取り入れる謙虚さ、貪欲さを持っている。

■関心を持ち続けると、情報は飛び込んでくる

ＶＥについても同様だ。いかに有益な情報を、いかに幅広く集めるかが大切なことなのである。ＶＥ対象を決めたなら、それに関わる製品やサービスの利用に関する情報、販売上の情報、設計上の情報、調達や購買に関する情報、生産に関する情報、コストに関する情報、リサイクルに関する情報、対象とするテーマのライフサイクルに関わるあらゆる情報を収集し、分析することが求められる。

こうした情報をどれだけ集めることができるかで、その後に続く代替案の作成が、価値あるもの、有益なものとなるか否かが決まってくると言っても言い過ぎではない。

こうした情報というのは、実は「テーマが決まった。さあ、情報を集めるぞ」といくら力を入れたところで、ある程度の限界がある。やはり、日頃から他社のＶＥの進め方や競

合他社のモノのつくり方、サービスの仕方などに幅広く関心を持ち、情報を集めているなかから、いざというときに使える情報が出てくるという面がある。

よく言われることだが、すぐれた発明や発見をもたらす「ひらめき」というのは、仕事を離れ、何か別のことをやっているときに訪れることが多い。食事をしているとき、家族と談笑しているとき、散歩をしているときなどに、何かを見たり、あるいは他人の何げない会話を聞いたりすることから、思いもかけないひらめきが訪れる。

これは天才のなせる業ではない。ある問題に対し、「何かいい解決方法はないか」と「なぜ」を問い続け、考え続け、関心を持ち続けているからこそ、ふとした瞬間にひらめきという形で訪れるのであり、問題に対する関心を持たない人は、同じ光景を見、同じ言葉を聞いたとしても決してひらめくことはない。

情報というのは、絶えず「何かいい方法はないか」と関心を持ち続けているからこそ、目や耳に飛び込んでくるのであり、その価値を正しく評価することができるのである。

学ぶ材料はどこにでも

大切にしたいのは、「いいモノ安いモノは、自社製品以外にいくらでもある」という謙虚な姿勢である。規模や業種を問わず、そこから何かを学ぼうとする姿勢だ。

ベンチマーキングというのは、なにも同業他社だけを対象としたものではない。たとえばメーカーであっても、サービスのあり方についてはディズニーランドやリッツカールトンから学ぶこともできる。トヨタが日本においてレクサスブランドの展開を始めるに際し、サービス面については随分と高級ホテルから学んでいる。日本一の旅館として知られる加賀屋から話を聞くこともあったという。

本書で紹介した先進企業の事例を見て、「うちとは規模が違いすぎる」「知名度が違う」と考える人は、ちょっとでも業種が違っていたり、逆に自社よりも規模が小さいと、それを理由に学ぶことを拒否しようとする人たちではないだろうか。GEを率い、同社を最強企業へと変身させたジャック・ウェルチがしばしば口にしていたのは、「我々はアイデアを世界中に求める」という言葉だ。

世界中のあらゆるところで生まれるアイデアに対してオープンに接し、アイデアを洪水のように取り入れたことが、GEをより強い企業へと変身させた。『ウェルチ』（日経BP社刊）によると、GEは新製品の市場導入技術をクライスラーとキヤノンから、効率的な調達技術をGMとトヨタから、品質向上運動をモトローラとフォードから取り入れている。中国市場への進出にあたっては、IBMやジョンソン・アンド・ジョンソン、ゼロックスなどに学んでいる。

強い企業、成長し続ける企業であるためには、自らアイデアを生むこともちろんだが、GEやトヨタのように、世界中で生まれるあらゆるアイデアにオープンに接し、少しでもいいと思ったもの、役に立つと思ったものを貪欲に取り入れ、自社流に改善を加えて実行に移すことが大切だ。

アイデアは、必要なときにそこにあるとは限らない。日頃から問題意識を持って、さまざまなアイデアに接するように心がける。もちろん、そうしたアイデアのすべてがすぐに使えるわけではないが、アイデアさえ持っておけば、いざというときにすぐに取り出して使うことができる。

日頃の努力こそが、確かな実を結ぶ

では、改革を成し遂げた企業に共通するのは何であろうか。それは、トップが改革への強い意志を打ち出したとき、その答えとなるような情報や手段手法を日頃からコツコツと収集し、勉強し、いつか実現したいという想いを抱いている人がそばにいることだ。学んだこと、身につけたことのすべてが実行できるわけではないが、成果を上げるためには、準備を怠らない人、チャンスをじっと待つ人の存在が欠かせない。

ＶＥの方向性を決め、代替案を導き出すためには、たくさんの情報を持ち、そうした情報をきちんと分析できることが必要だ。ＶＥをやるからと慌てて情報を集めるのではなく、日頃から「もっといいやり方はないか」「もっと安くつくる方法はないか」と絶えざる関心を持ち、日常的に情報収集に励む。

そんな積み重ねがあってこそ、いざＶＥというときに素晴らしい代替案を導き出すことができる。素晴らしいアイデアには広い裾野が必要であり、アイデアが出るためにはある程度のアイドリングも欠かせない。

本書で紹介したＶＥの先進企業についても、業種や規模がどう違おうと、参考にできるところは必ずある。すぐに使えるものがあれば、すぐに取り入れればいいし、「今はまだ早いな」「うちではまだ無理かな」と思えるものは関心を持って温めておく。そうしたストックを持っていることは、確実にＶＥ活動の力となるし、やがて自社を変えていく力となる。

第二節――VEは人づくりである

■企業の力は、社員の総合力で決まる

筆者がトヨタ式と関わるようになって、既に五〇年もの歳月が過ぎた。その間、トヨタ式の普及、定着に努めながら、いつも念頭においていた言葉がある。それは次の言葉だ。

まずは人間をつくれ

そして経営をせよ

そこに事業がある

トヨタで仕事をするなかで、トヨタ式の本質はここにある、と実感し、以後の信条としている言葉だ。なかでも「まずは人間をつくれ」という言葉には、トヨタ式のすべてが集約されていると言っても過言ではない。

「人づくり」の大切さはなにもトヨタだけが言っているわけではなく、多くの経営者が口

にしている。

代表的なのは松下幸之助氏の「松下電器は人をつくっています」という言葉だ。松下電器がまだ規模が小さかった頃、松下氏は従業員に対して、「お得意先に行って、『君のところは何をつくっているのか』と尋ねられたら、『松下電器は人をつくっています。電気製品もつくっていますが、その前にまず人をつくっているのです』と答えなさい」と教えたというエピソードはよく知られているところだ。

「いい製品をつくることが会社の使命ではあるけれども、そのためにはそれにふさわしい人をつくらなければならない。そういう人ができてくれば、おのずといいものもできるようになってくる」(『実践経営哲学』松下幸之助著、ＰＨＰ研究所刊)というのが松下氏の考え方だが、こうした、まず人をつくる。そうすればいいモノ、いいサービスが提供できる、というのは、すべての企業に共通する考え方と言える。とはいえ、人づくりには時間がかかる。どんな能力が求められるかも時代とともに変化する。

そのためなのか、企業は、時間のかかる人づくりよりも、「必要な人を、必要なときに、必要なだけ」をスローガンにして、スカウトしたり、あるいはアウトソーシングや派遣会社を利用したりして、人を育てることを避けている。そして一方では、不要な人財は容赦なくリストラすることで、業績や株価を上げるのもしばしば目にするところだ。

こうしたやり方のすべてを否定するつもりはないが、少なくとも企業の経営者というのは、採用した人間はきちんと育て上げる、時間がかかっても自前の人財を育てるという責務を負っているのではないだろうか。

企業の力は社員の総合力で決まる。人を育てることのできない企業が、いい製品、いいサービスを生み出せるはずもなく、強い競争力も身につくはずもない。「人間をつくれるか」どうかが企業の競争力を左右するということを、経営者はしっかりと胸に刻み込んでおくことが必要だ。

テキストレス時代に求められる能力とは

VEの専門家ではない筆者がVEに興味を持った理由の一つは、「VEをやることで人が育つ」と考えたからだ。

VEは一般的にはコスト削減の手段として知られているが、今まで述べてきたことから分かるように、それだけで終わる管理技術ではない。VEでは、今を生きる社員に必要な能力を総動員することが求められ、VE活動を通して社員はさまざまな経験を積み、確実に成長することができる。

言わば、ＶＥという手法は、企業にコスト削減や価値向上をもたらすと同時に、最も大切な「人づくり」を可能にしてくれるものであり、だからこそ筆者はＶＥに関わらせていただく決心をした次第だ。

今日、企業を取り巻く環境は厳しく、激しい変化にさらされている。解決すべき問題は多いうえに複雑であり多岐にわたっている。西欧の豊かさを目指して、「追いつけ追い越せ」を合言葉に、がむしゃらに頑張ってきた高度成長期とは時代が違う。テキストレスの時代には自分たちで考え、自分たちで新しい手法を生み出していくことが求められる。

当然、そこで働く社員には、指示されたこと、言われたことをただ黙々とやるだけではなく、自ら考え、自ら問題解決できる能力、変化を当たり前のものとして、むしろ変化を先取りし、迎え撃つような能力が必要になる。

また、お客さまのニーズや価値観が変化し続ける時代には、「この仕事は何のためにやっているのか」「この仕事は誰のためにやっているのか」「自分はお客さまのために何ができるのか」を問うことで、自分の仕事の進め方を変えていく能力も必要となる。

こうした能力は日々の仕事を漫然と繰り返すだけでは身につかない。あえて難しい課題、困難な課題にぶつかり、「どうすればよいか」を自ら考え、実行に移すという経験を重ねることでしか身につかない。

VE活動のよさ、素晴らしさというのはこうした経験をさせてくれるところにあり、経験を通して、「考える社員」「率先して問題解決にあたる社員」「変化を好む社員」を育てるところにある。

さらに付け加えれば、こうした活動にチームで取り組むところにVEのよさがある。企業活動というのは多くはチームプレイであり、たくさんの人の協力があって初めて、仕事というのはうまくいく。

ところが、それほど大切なチームプレイも、現実には思うようにいかないことがよくある。成果主義全盛の時代には、チームの成績よりも個人の成績をいかに上げるかが先に立つ。まして組織の壁を超えてのチームプレイとなると、なおさらだ。

かつて一世を風靡《ふうび》した事業部制が、ある時期からその弊害が指摘されるようになった。企業の利益よりも事業部の利害を優先する、あるいは事業部同士の競争意識が、かえって企業全体の利益を損なう結果となる。事業部の壁が邪魔をして複数の分野にまたがる新製品開発が進まないというケースも目にした。

チームワーク、チームプレイの大切さはみんなが知っているところだが、いざ実行となると、こうした組織の壁が邪魔をして一つの方向に進めなくなることがよくある。

VEは、いくつもの部門にまたがる人たちが集まってアイデアを出し合い、協力し合うだけに、当然、難しさもある。集まったメンバーが部門の利益代表としてではなく、より高い視点、より広い視点を持たないことには活動は進まなくなる。それだけに、こうした経験を通してみんなが協力し合うこと、アイデアを出し合うことの大切さを、身をもって知る意味は大きい。

人は知識や研修だけでは育たない。仕事を通し、経験を通して初めて身につくことはとても多いし、そういった場を通して育った人だけが、困難な問題に直面したとき、実際の現場で本当の力を発揮することができる。

■VEマインドのある人財を育てる

VEを、単にコスト削減の手段と考えては、あまりにももったいない。もちろん企業にとってコストを下げるというのはとても大切なことだが、実はそれを可能にしてくれるのは原価意識を持って日々改善に取り組むことのできる人たちなのだ。

トヨタがなぜ強い競争力を持っているかと言えば、それは日々仕事をやりながら「どこかにムダはないか」「もっといいやり方はないか」「もっと安くつくる方法はないか」と問題意識を持って取り組み、気づきをもとに改善に励む人たちがいるからだ。

コスト競争力というのは一部の人、一部の部署だけが頑張ってもどうにもならない。企業で働くすべての部署の人たちが、「もっといいやり方は」「もっと安く」と日常的に意識し、アイデアを実行に移すことで、初めてどこにも負けないコスト競争力が生まれてくることになる。

大切なのはそうした原価意識、改善意欲を持った人たちを育てることであり、そういう人たちがいれば、企業は自然と強くなることができる。VEの先進企業が強い競争力を持つことができたのも、実はVEを三〇年、四〇年とやり続けるなかで「VEマインド」を持った人財を育てることができたからだ。

VEに取り組むことで、コストを下げること、価値を向上させることができる。しかし、それ以上に大切なのは「VEマインドのある人財」を育てることができるという点だ。

大分県土木建築部の人たちがVEに取り組むことで得た成果、それは公共事業費が大幅に削減できたことはもちろんである。それに加え、「さらに高い貢献度で、県民のためによりよいものをより安く提供できる」という、職員のモチベーションが向上した点も大きい、と述懐する。ＶＥを通して職員が自発的に技術力を向上させ、自ら仕事にさらなるやりがいを感じるようになったのだ。

組織の盛衰は人財の質で決まる。だからこそ企業は、どれほど時間がかかろうとも人財を育てること、「改善マインド」「ＶＥマインド」を持った人財を育て続けることが必要になる。

トヨタ式で理想とされるのは「改善が人を育て、育った人たちがさらなる改善を進めていく」ことだ。ＶＥも同様に「ＶＥが人を育て、育った人たちがさらなるコスト削減や価値向上を進める」ことができる。コストを削減することや品質を向上させることは企業にとって永遠のテーマだが、そのためにはまず人を育てることだ。まず人をつくる。その先にコスト削減や品質向上、そして事業があるというのが企業本来の姿ではないだろうか。

第三節――風土となるまでやり続ける

目先の結果に振り回されてはならない

企業の経営者にはある程度の忍耐が必要だ。

これはある企業の話だが、その経営者は改革意欲に富んだ実に熱意溢《あふ》れる人なのだが、唯一の欠点は我慢が利かないことだ。たとえばトヨタ式をベースとする生産改革に際しても、ある月は「まず人を抜いて少人化しろ」と指示したかと思うと、翌月には「人を増やしてでも品質の向上をはかれ」、また別の月には「自働化を進めろ」とくる。毎月のように指示がころころと変わる。工場の改革担当者は、指示に振り回され、腰を据えて改革に取り組むことができなくなってしまう。

改善というのはすぐに結果が出るものもあれば、すぐには出ないものもある。作業改善のように、新しいやり方に慣れるまでは以前のやり方のほうが効率がよく、改善を重ね、習熟度を高めることで、初めて結果の出るものもある。

しかし、この経営者は指示を出してすぐに効果が出ないと、しびれを切らして新しい指示を出してしまう。熱意が空回りするというか、もう少し見届けるという姿勢を持たないと改革は進まなくなる。

別の企業を訪ねたとき、そこで担当者から見せられた一冊の冊子にまったく驚かされたことがある。それは昭和三〇年代にその社内でつくられたもので、トヨタ式について研究し、その導入方法をまとめたものだった。

昭和三〇年代といえば、トヨタでさえまだ試行錯誤していた時期である。トヨタでは、三〇年代後半になって、ようやく全社的に進められるようになり、少しずつ協力会社へと導入を広めていったのだ。

そうしたトヨタ式の黎明期《れいめい》に、その企業は早くもトヨタ方式に着目し、自社での導入を試みている。先見の明たるや凄いものがあるが、実際に見せてもらった工場はトヨタ方式とはほど遠い状態にあった。

「ところで、トヨタ式導入の研究は、その後どうなったのですか」と尋ねると、「いやあ、うちの会社は新しもの好きで、ちょっといいものがあると聞くと何でもやってみるのですが、いつの間にかもとに戻ってしまうのです。多分これも同じ運命を辿《たど》ったのだと思います」と担当者は苦笑いを浮かべていた。

企業によっては、プロジェクトを華々しく立ち上げたはいいが、いつの間にか熱意が消えうせて、いつも尻すぼみに終わるところがあるが、こうしたことをいくら繰り返したところで企業は何も変わらないし、何も残らない。

また、別の企業の経営者は、最初の何年かは必死になって改善に取り組み、素晴らしい成果を上げた。そこまではいいのだが、収支トントンの状態だったものがかなりの利益が出るようになった瞬間、かつて抱いていた「お客さまのために」という目的を見失って利益第一となり、儲かった利益で本業以外のことに手を出すという愚を犯すようになった。

企業にとって利益を出すことは大切だが、それが唯一の目的となり、肝心の「お客さまのために」を忘れるようだと、企業としての存在価値を失うことになる。

企業経営者というのは実にさまざまだ。企業は経営者によって決まるだけに、経営者がこのように我慢がなかったり、本来の目的を見失うようでは、強い企業になること、強い企業であり続けることは難しい。

■風土づくりには、適切なメンテナンスも必要

どんなことでもそうだが、「間違えた」と分かったなら、すぐに改める必要がある。朝《ちょう》令暮改《れいぼかい》どころか朝令昼改でもいい。「指示を取り消すなどとは体面に関わる」などというつまらない見栄のために状況を悪化させるようなことをしてはならない。

しかし「これはいい」と確信を持ったなら、たとえ成果がすぐに出なくても、我慢をしてやり続けることが大切だ。強い企業であるためには、「いいと思ったこと」をとことんやり続けること、それが風土となるまでやり続けることが大切だ。

VEの先進企業で一様に聞いたのは「風土」という言葉だ。

ある企業は「うちにはアイデアを持ち寄って協力し合う風土がある」と言い、ある企業は「VEをやらなかったらうちじゃない」とまで言い切っていた。こうした企業は三〇年、四〇年とVEをやり続けている。

では、長くやれば自然とそれは風土になるのかと言えば、それは違う。ただ漫然とやり続けるだけでは、決して風土にはならない。どれほどすぐれた管理技術や経営理論であれ、そのままでは通用しないということは先に書いた。導入当初はうまくいくように見え

ることもあるが、時が経つにつれ、さまざまな問題が生じ、かえって弊害を招くことになる。

そうした弊害を避けるためには、自社の文化や風土に合うように常に軌道修正、メンテナンスを行なうことが必要だ。そうすることで、最初は借り物だったものが自社の知恵を加えて、いつの間にか自家薬籠中《じかやくろうちゅう》のものへと変化していく。

伝統芸能の世界に「守破離《しゅはり》」というよく知られた言葉がある。習い事をする場合、最初は真似から入る。とことん真似をし、修練を積むうちに、その人独自のものが少しずつ生まれてくる。それが一種の個性であり、さらに修練を重ねるうちに師匠を超えるほどの技を身につけることができる。

筆者は改善にも同じことが言えると考えている。最初は先進企業の事例を研究し、真似から入ればそれでいい。最初はほんの少しの知恵しか身につかないかもしれないが、「日々改善、日々実践」を続けるうちに自社独自の知恵が増え、やがて先進企業とは違うもの、ときにそれを超えるものができるようになる。「風土になる」というのは、そういうことだ。

■成功をもたらすのは、トップの意志と姿勢次第

だからこそ、企業のトップや部門を率いていくリーダーには忍耐が必要なのだ。

新たに企業や部門を率いていくことになったとき、そのトップやリーダーのなかには、過去のやり方を否定して、焦って新しいやり方を持ち込もうとする人がいる。もちろん前任者と同じことをやるのなら、人が代わる意味もないのだが、過去を全否定することと、「もっとうまくやる」ことはまるで違っている。

大切なのは、企業にとって本当によいと思ったことをしっかりとやり続けることであり、次の世代はそこに新たに自分たちの知恵をつけて、もっとうまくやることを心がけていけばいい。

企業が変わるというのは決して革命的な改革である必要はない。それほどの大変革はそれこそ時代が急激に変化するときだけであり、本来はコツコツと「日々改善、日々実践」を続けながら、何年後かに後ろを振り返ってみたときに、思いもかけず大きく変わっていると気づくのが一番いい。

VEは決して劇的に企業を変えていくものではない。しかし、VEをやり続けることで

人が育ち、企業風土は確実に変わっていくことができる。トップに求められるのは、「これはいい」「これはうちの会社に合っている」と思ったものを、強い意志を持ってやり続けることだ。これはトヨタ式でも同じことが言えるが、トップの関心が薄く、トップの気持ちが揺らいでいては改善や改革などできるはずがない。

トップが「これでいこう」「とことんやり続けよう」という意志を持っている場合、下の人間はそうそう反対できるものではない。VEを風土にできるかどうか、それを決めるのはトップの意志、トップの姿勢いかんにかかっている。

第四節――堂々たる勝ち残り企業を目指せ

■二、三割のコストダウンでは意味がない

何年か前、トヨタ式を実践しているある企業を訪ねた際、同社トップが筆者にこんな話をした。

「取引をするうえで、価格を二〇%、三〇%安くしてほしいという要望があります。たとえ要望はなくても、競争に勝つことを考えれば、原価低減努力は欠かせません。そんなとき、二〇%カットだ、三〇%カットだ、えらいこったと嘆いてもダメです。コストハーフにして、残りの三〇%、二〇%を手にするくらいのつもりでやらないとダメだと思います。競争をして、鼻の差でなんとか勝つようではダメで、同業他社を周回遅れにして勝つくらいの勝ち方をしないと、同業他社は私の会社と勝負をするのはイヤだとは感じません」

同社は長年にわたってトヨタ式を実践しているだけに、日々の改善、日々のムダ取りはもちろん徹底的に行なっている。

しかし、それだけでは大幅な原価低減は実現しない。放っておくと上昇してしまう原価をできるだけ現状維持すること、少しでも下げることで精一杯になる。だからこそ、ときにコストハーフといった実現不可能とも思えるような課題を掲げて、そこに向かって挑戦をする。

このとき、同社はモノづくりに関わる八三項目を抽出して、ほとんどすべての項目で「二分の一」を目指すことを試みた。原材料費はもちろんのこと、購入部品費、受給部品費、外注加工費、エネルギー費、物流費などの変動費に始まり、固定費としての固定労務費、減価償却費、修繕費などすべての項目について課題を決め、それぞれに担当部署を決めるなど、まさに「すべてを見直す」という姿勢で原価低減に取り組み、見事に目標を達成している。

もちろん原価は、工場だけが頑張っても下がらない。間接部門のスリム化にも挑戦し、スタッフ部門の多能工化、多工程持ちを進めることで人員の少人化、活人化も行なっている。こうしたトータルな取り組みによって、同社は強い競争力を維持し続けている。

トヨタのある工場でも、一部の工程が大幅な原価低減に成功して、同業他社よりも二割安い原価を実現したことがある。その際、改善の成果を見に来た役員が口にしたのは、「二割くらいならすぐに追いつかれる。さらに原価を下げよ」だった。

「二割の差」と言えば、その差を詰めるのは容易なことではない。この役員もそれは十分に分かっているし、改善の成果も十分に評価している。にもかかわらず、こうした強い危機感を持って日々の仕事に臨むことで改善を続けているのがトヨタという会社でもある。

トヨタ式をベースとする生産改革のお手伝いをしていると、多くの企業が当初の目標を達成したことで満足感に浸ってしまうのに驚かされる。気持ちは分からないでもない。つくり方を変えるというのは大変な努力を要する。慣れないやり方に必死になって取り組み、必死になって改善を続けた結果、やっと目標を達成する。ホッとする気持ちは分かるが、そこで止まっているようでは真の勝ち組企業とはなりえない。

■「絶えざる向上心」こそが、人と企業を成長させる

筆者は人に対する「勝ち組」「負け組」という言い方は好きではない。しかし、志を持った企業である以上は、堂々たる勝ち残り企業でなければならないと考えている。そのため

には、一つの目標を達成しても、そこで満足するようではいけない。次はさらに高い目標を設定して、そこに向かって挑戦する姿勢が欠かせない。

筆者が上司からよく言われたのは、「昨日のことは忘れてしまえ、明日のことは考えるな」だ。

昨日と比べて今日はこんなによくなった、こんなにできるようになったと満足すると、改善ができなくなってしまう。問題解決へのいい知恵がなかなか出ないとき、「明日考えよう」と言ったところで、明日いい知恵が出るとも限らない。大切なのは「今日が悪いんだ。今やっていることに問題があるんだ」と考えて、今日の問題は今日片付けるつもりで取り組む、という姿勢だ。

言わば「絶えざる向上心」こそが人を成長させ、企業を発展させるというのがトヨタ式の考え方だった。ＶＥに取り組む人たちにも、こうした姿勢が求められる。

原価低減というのは、たやすいことではない。まして既にあるモノの機能を維持、ないしは向上させながら原価を下げることはとても難しいことだ。これまでＶＥ的な試みをほとんどしたことのない企業であれば、それでも最初はたくさんのムダ、たくさんの見直すべき点があって、アイデアもそれなりに出てくるものだ。しかし、かなりの程度ＶＥを実践している企業の場合、どうしても「これで精一杯だ」「これが限界か」という思いになってしまう。

他社の同じような製品と比べ、「うちのほうが勝っているから、もういいだろう」となると、なおさらアイデアは出なくなってくる。生き残り企業となるか、勝ち残り企業となるかはここで決まってくる。企業が生成発展を望むのなら、常に高い目標を掲げることが必要になる。

第1章でも触れたように、昭和三〇年代、トヨタは売上げ規模において一〇〇倍以上の差がある世界一の自動車メーカー・GMをベンチマークの対象とすることで改善を続けた。GMの部品と自社の部品を一つひとつ原価比較を行ない、GMに負けているモノは、ある種の「ムダ遣い」としてバランスシートに表すようにした。

原価面でGMに追いついた後は、新たな目標を掲げることで、さらなる改善に取り組んだ。

だからこそトヨタは、生産台数世界一の座を争う企業に成長することができたのである。トヨタは現状に満足して安住するということはない。常に危機感を持って、さらなる次の改善に取り組んでいる。

人間の知恵に限界はない

世界に目を向ければ、掲げる目標、目指すものはいくらでもある。掲げる目標が高ければ、現実との乖離《かいり》は大きく、そこに至る道も当然困難となるが、それを可能にするのはほかでもない企業の現場で働く社員一人ひとりの知恵であり、創意工夫する力である。

ＶＥに取り組む人たちには、ぜひとも「人間の知恵は凄い。限界がない」と信じていただきたい。ＶＥをＶＥたらしめるものはほかでもない、「もっといいモノを」「もっと安いモノを」と求め続ける人間の想いであり、「こうしたらどうだろうか」と工夫を加え続ける人間の知恵である。

企業の力は社員の力の総和であり、企業の発展を可能にしてくれるのは人間の知恵やアイデアである。企業は細々と生き残るのではなく、堂々たる勝ち残り企業でなければならない。ＶＥによって人が育ち、ＶＥが風土となれば、目標は必ず達成できるし、達成後も新たな目標を追う風土が生まれてくる。それが企業を勝ち残り企業へと育ててくれる。

あとがき

「いいと思ったことはとことんやり続ける」

筆者はトヨタ自動車の出身であり、長年トヨタ式の普及と定着に努めてきた。VEと無縁ではないものの、必ずしもVEの専門家というわけではない。筆者が、縁あって今回この本の執筆をお受けし、VEの先進的企業を訪ね、お話を聞かせていただく過程で今さらのように感じたのが、この言葉の大切さである。

トヨタ式の導入を望む企業は多い。当初は強い危機意識を持っているだけに、最初の一、二年は実に熱心に取り組むが、しばらくしてそれなりの効果が上がり始めると、そのことに満足し、当初の熱が冷めてしまうところも少なくない。

そうした企業の多くは、やがて元の状態へと戻ってしまう。それに対して「まだまだ課題だらけです」と現状に満足することなく、五年、一〇年とやり続ける企業というのは確実に強い競争力を持った企業へと成長することができる。

やり続けることの意味がどこにあるのか。トヨタ式であれば、知恵を出して働く人が育ち、変化を日常のものとして日々改善に励む風土が生まれる点にある。すると、育った人たちが知恵を出し、新たな改善を生むようになり、企業は一段と強くなることができるのだ。たとえどれほどすぐれた生産システムや管理技術であろうとも、ただそれだけで企業を強くすることはできない。

大切なのは、生産システムや管理技術を通して人が育ち、風土が変わり、育った人たちが新たな知恵を生むようになって、初めて企業は本当の意味で強くなることができるという点だ。

だからこそ企業は、いったん決心したことはやり続けることが必要なのである。今回、筆者が取材させていただいた企業すべてが、実に三〇年、四〇年、なかには五〇年近くの長きにわたってＶＥを続けているのにはつくづく感心した。

トヨタは改善活動を支える創意くふう運動を六〇年近く続けているが、それに優るとも劣らないものがある。

こうした企業は、ＶＥを実践し続けることで、ＶＥマインドのある社員が育ち、ＶＥが企業をより強くしていくという好ましい循環のなかにあるからこそ、どのような時代、環境にあっても強くあり続けることができる。今日、企業を取り巻く環境は激しく変化している。

企業の舵取りは一段と困難さを増し、それだけについ、すべてを解決してくれる万能薬がどこかにないかと探し求めるものだが、そうではなく難しい時代だからこそ、これまでやってきたことにさらに磨きをかけてやり続けることも大切だ。

VEというのは企業を劇的に変えていくものではないが、コツコツとそれこそ風土となるまでやり続けることでVEマインド、コスト意識を持った人財が育ち、やがてはその人たちが企業を強いコスト競争力を持った存在へと変えていく、そういうものだと思う。難しい、先の見えない時代だからこそ「いいと思ったもの」をとことんやり続けることが大切だ。トヨタがトヨタ方式をやり続けることで世界トップレベルの自動車メーカーとなったように、やり続けることにはそれだけの力があるということを忘れてはならない。

本書を執筆するにあたり、『大野耐一の現場経営』（大野耐一著、日本能率協会マネジメントセンター刊）、『トヨタシステムの原点』（下川浩一・藤本隆宏共著、文眞堂刊）、『トヨタ経営システムの研究』（日野三十四著、ダイヤモンド社刊）、『元トヨタ基幹職が書いた 全図解トヨタ生産工場のしくみ』（青木幹晴著、日本実業出版社刊）、『新・VEの基本』（土屋裕監修、産業能率大学出版部刊）、『ＶＥリーダーのための実践事例集』（日本ＶＥ協会東日本支部・ＶＥ推進部会編、日本ＶＥ協会刊）などの書籍を参照させていただいた。

また、本書の執筆にあたり、快く取材に応じてくださった、フジタ、いすゞ自動車、シャープ、日立建機、大分県庁の皆さまにあらためて感謝申し上げる。

企画、編集にあたっては、日本バリュー・エンジニアリング協会の皆さまと、ＰＨＰエディターズ・グループの池谷秀一郎氏、桑原晃弥氏のご尽力をいただいた。あわせてお礼申し上げる。

ＶＥ関連用語

参考になるＶＥ関連用語をまとめた。くわしくは、『ＶＥ用語の手引』（日本ＶＥ協会発行）など、関連書籍を参照されたい。

アイデア発想

特定の機能を達成するアイデアを生み出すことをいう。アイデア発想は、ＶＥジョブプランにおける代替案作成段階で最初に行う活動である。

企画段階のＶＥ（0 Look VE）

価値の高い製品やサービスを創造するために、マーケット（使用者）が「何を要求しているか」「何に価値を認めるか」を正しく捉え、それらの要求を満たす企画内容を決める過程にＶＥを適用すること。

開発・設計段階のＶＥ（1st Look VE）

製品やサービスの開発、設計に対する要求である「開発・設計仕様書」をもとに、達成すべき機能と目標コストを満足させる価値の高い基本構想・設計案を創造し、次工程の製造仕様を決定する過程にＶＥを適用することをいう。

製造段階のＶＥ（2nd Look VE）

現在、製造されている製品や、利用されているサービスについて、果たすべき機能を再認識し、その機能をもとにして、より価値の高い代替案を創造する過程にＶＥを適用する活動をいう。

管理・間接業務のＶＥ

企業の運営に必要な組織・制度、管理間接部門の業務、事務手続きや事務処理方法などにＶＥを適用し、新規に設計したり、既存のものを改善することで、それらの価値を向上させる活動をいう。

ＶＥジョブプラン

「ＶＥ実施手順」とも訳されている。本文では87頁より解説がある。

ＶＥワークシート

ＶＥジョブプランにしたがってＶＥを活用する際、各々の作業に適したように考案された定型様式の記述書をいう。

チームデザイン

営業、企画、研究開発、設計、製造技術、資材調達、品質保証、原価管理、サービス、ＶＥなど、内外の専門家の知識と経験を結集したチーム活動によって、価値の高い製品やサービスを設計することをいう。なお、この用語は日本における造語である。

マイルズ賞

ＶＥの創始者、Ｌ・Ｄ・マイルズ氏を記念して設けられた賞。1982年10月に制定された。ＶＥ活動を実践して顕著な成果をあげたと認められる組織に、毎年秋に開かれるＶＥ全国大会で授与される。

日本におけるＶＥの歴史

1947　ＧＥ社のＬ・Ｄ・マイルズ氏によってＶＥが完成される。当時はＶＡ（Value Analysis）と称される。

1954　米国国防省の船舶局がこれを導入し、ＶＥと名付る。

1955　日本生産性本部の米国視察団により、わが国に最初に紹介される（実際に日本企業に導入されたのは1960年頃から）。

1959　米国ＶＥ協会設立。

1965　日本ＶＥ協会が創設される。

1968　第１回ＶＥ全国大会が東京で開催される。

1972　Ｌ・Ｄ・マイルズ氏が来日し、ＶＥ全国大会に参加。

1978　Ｊ・Ｊ・カウフマン氏来日。東京と大阪で「開発・設計ＶＥ国際セミナー」が開催される。

1980　日本ＶＥ協会の事業を継承し、「社団法人日本バリュー・エンジニアリング協会」が設立される。

1981　第１回ＣＶＳ認定試験が実施される。

1982　マイルズ賞が創設される。

1985　Ｌ・Ｄ・マイルズ氏逝去。わが国産業界に対する功績が認められ、日本国より勲３等瑞宝章が贈られる。

1988　米国のマイルズ・バリュー財団主催による環太平洋ＶＥ大会がハワイで開催される。

1989　ＥＣ諸国共催による第１回バリュー・マネジメント大会がイタリアのミラノ市で開催される。

1990　「ＶＥリーダー」資格認定制度が創設され、第１回認定試験が実施される。

1991　神戸市が日本の自治体で初めて公共工事にＶＥを導入。

ＥＣ諸国共催による第３回バリュー・マネジメント大会がドイツのミュンヘン市で開催され、日本ＶＥ協会が派遣した代表団が日本産業界のＶＥ活用状況を紹介。

1992　神戸市が、全国の自治体に先駆けて公共工事にＶＥを導入した英断に対して、日本ＶＥ協会から表彰される。

1997　政府が「公共工事のコスト縮減に関する行動指針」を策定。それを受けて建設省が「コスト縮減に関する行動計画」を作成し、具体的施策としてＶＥを試行導入。

1998　「ＶＥスペシャリスト」資格認定制度が創設され、第１回認定試験が実施される。

2004　政府の「行政効率化推進計画」にＶＥの活用が盛り込まれる。

ＶＥの資格制度

ＶＥの正しい知識を持つ専門家を認定するＶＥ資格制度があり、ＶＥの習熟度、経験値によって、ＶＥリーダー（ＶＥＬ）、ＶＥスペシャリスト（ＶＥＳ）、ＣＶＳ（Certified Value Specialist）の資格が与えられる。このうち、ＶＥＬ、ＶＥＳの２つは、日本ＶＥ協会が独自に資格認定試験を行っている。

最も難易度の高いＣＶＳは、米国ＶＥ協会（SAVE International）が認定するＶＥ専門家資格。日本ＶＥ協会が認定試験を代行し、米国ＶＥ協会と日本ＶＥ協会が共同で登録を行っている。

◎資格の種類

【ＶＥＬ】

それぞれの職場やグループ活動において、企業の生産ライン担当者、グループリーダー、第一線監督者、中間管理職などの実務層がＶＥ活動のリーダーを務めるために必要な基本的知識を持つと認定される資格。1990年に第１回試験が開始されて以来、累計合格者は約５万名（2008年４月現在）。

【ＶＥＳ】

企業内でＶＥ活動を推進する責任者、担当者などが、実際にＶＥ活動をすすめていくために必要な知識や技術を持ち、それらを適切に活用できる能力を持つと認定される資格。1998年に第１回認定試験が開始されて以来、累計合格者は140名（2008年４月現在）。

【ＣＶＳ】

ＶＥに関する知識、経験、行動について、極めて高い水準に達していると認められた場合に与えられるもので、日米双方のＶＥ協会に国際資格として登録される。現在、日本国内の登録者は124名（2008年４月現在）。

◎ＶＥＬの試験・資格要件

受験資格

受験する年度末（３月末）に満20歳以上であり、12時間以上のＶＥ研修（社内研修、通信教育、学内での授業も含む）を受講していること。

試験方式

試験は、ＣＢＴ（Computer Based Testing）方式で実施され、パソコンの画面上に表示される問題を読み、選択肢の中からマウスを使って正解を選ぶ。

試験日

日時は自由に選択することが可能。受験後、すぐ合否の判定がでる。

受験料・会場

２万1000円（学生は１万500円、2008年４月現在）。全国の主要都市で実施される。

〈著者略歴〉
若松義人（わかまつ　よしひと）
1937年宮城県生まれ。トヨタ自動車工業に入社後、生産、原価、購買の各部門で、大野耐一氏のもと「トヨタ生産方式」の実践、改善、普及に努める。84年以降は農業機械メーカーや住宅メーカーなどでもトヨタ式の導入と実践にあたった。91年韓国大宇自動車顧問。92年カルマン株式会社設立。現在、同社代表取締役社長。中国西安交通大学客員教授。
著書に、『なぜトヨタは人を育てるのがうまいのか』『トヨタの上司は現場で何を伝えているのか』『トヨタ式「改善」の進め方』（以上、ＰＨＰ新書）、『トヨタ流　最強社員の仕事術』（ＰＨＰ文庫）、『「トヨタ流」自分を伸ばす仕事術』『トヨタ流「最強の社員」はこう育つ』『トヨタ流「改善力」の鍛え方』（以上、成美文庫）、『トヨタ式ならこう解決する！』（東洋経済新報社）、『トヨタ流「視える化」成功ノート』（大和書房）などがある。

先進企業の「原価力」
価値を向上させながらコストを下げる

2008年4月7日　第1版第1刷発行

著　者　若　松　義　人
発行者　江　口　克　彦
発行所　ＰＨＰエディターズ・グループ
〒102-0082　千代田区一番町5
☎03-3237-0651
http://www.peg.co.jp/
発売元　Ｐ　Ｈ　Ｐ　研　究　所
東京本部　〒102-8331　千代田区三番町3番地10
普及一部　☎03-3239-6233
京都本部　〒601-8411　京都市南区西九条北ノ内町11
PHP INTERFACE　http://www.php.co.jp/
印刷所
製本所　図書印刷株式会社

ISBN978-4-569-69821-2

PHPエディターズ・グループの本

[決定版]ほんとうにわかる管理会計&戦略会計

高田直芳　著

ビジネスにおいて有効な武器となる「管理会計&戦略会計」の本格的かつ取り組みやすい入門書。「なぜ?」を徹底追究した大作。

定価三、七八〇円
(本体三、六〇〇円)
税五%